阳光小孩儿这样带

贺春兰◎主编

中国文史出版社

图书在版编目（CIP）数据

阳光小孩儿这样带 / 贺春兰主编 . -- 北京 ：中国
文史出版社，2024. 6. -- ISBN 978-7-5205-4798-7

Ⅰ . G444

中国国家版本馆 CIP 数据核字第 2024ML9559 号

责任编辑：高　贝

出版发行： 中国文史出版社

社　　址： 北京市海淀区西八里庄路 69 号院　邮编：100142

电　　话： 010-81136606　81136602　81136603（发行部）

传　　真： 010-81136655

印　　装： 廊坊市海涛印刷有限公司

经　　销： 全国新华书店

开　　本： 787mm×1092mm　1/16

印　　张： 16.5

字　　数： 170 千字

版　　次： 2025 年 6 月第 1 版

印　　次： 2025 年 6 月第 1 次印刷

定　　价： 59.80 元

主　编：贺春兰

编　辑：朱英杰　宋维萌　张惠娟

序言

阳光心态需要从小养成

贺春兰

女儿小学时候的一个周末，我们约好，我去学校接她回来。但时间过了，我因为工作居然把接她的事儿忘了。于是我赶紧补救性地让她自己坐车回家，承诺她我在家里做好饭等她回来。

可是我再次食言。

等我忙完工作赶回家，只见她站在门口，正借着走廊里昏暗的灯光在专注读书。我把门打开，她啥话也没说，迅速走进自己的房间，继续入迷阅读。

在之后的几天里，一切如常，未听她有任何抱怨。

我于是问她："为什么没有见你表达委屈？""我就想尽快止损，做我要做的事情。"她平静地回答——小小的她已然发展起了支撑阳光心态的底层思维。

今天我还珍藏着女儿小时候的一张照片：一天她放学归来，走下公共汽车，恰碰上北京初雪，她仰起头，幸福地感受雪的美好——一个积极乐观的孩子因为拥有发现美的心境、欣赏美的能力而常常能够获得更多的快乐和幸福，也因为常常能够看到事情积极的一面从而能够对人拥有更多的包容、对事儿拥有更多的耐心，也因此能够拥有和谐的心境和和谐的环境。

乐观心态源于父母的教养方式、源于家庭气候、源于家庭教育中的点点滴滴。而其一旦形成，便会成为一种惯性深刻地影响孩子的一生。在本书中，你可以看到，不同的教养方式如何塑造孩子不同的性格特质从而影响着孩子的一生。

乐观心态的背后有一个支撑力是辩证的思维方式，而孩子从小的思维方式培养源于父母在日常生活点滴中对周遭事情的解读和评判。在本书中，你可以看到，一对夫妇，如何通过在饭桌上摆龙门阵，在谈天说地中塑造孩子的辩证思维，让孩子得以在多元的信息中保持着独立思考的习惯。

培养拥有阳光心态的孩子并不意味着让孩子远离负面信息，逃避丑恶，恰恰相反，他需要学会审美的同时还要学会辨识丑恶。他需要知道这个世界并不仅仅存在善良和美好，还要知道世界是复杂的，会有邪恶亦需要斗争。他要在能够分辨善恶、美丑的背景下学会拥有善良、保持良知。

从本书中，专家还将给你这样的建议——你要能够帮助孩子意识到自己和周遭世界的边界，知道为自己负责，也知道哪些负担自己不该背。教会孩子以辩证的思维看待来自成人世界的批评，对来自成人世界的有价值的意见能够汲取，同时也能够屏蔽无端的伤害和指责。

做父母的，都希望孩子们拥有幸福人生。而幸福的状态不仅仅取决于我们拥有什么，更取决于我们看待和解读世界的方式，其中之一便是乐观阳光的心态——即便面临逆境，仍然拥有努力向好的心态，从而能够在漫长的一生中保持韧性。

幸福是需要能力的，在本书中，知名积极心理学专家还将带给你感受幸福的方法，其中不乏一些小小的窍门和技巧。

此书是人民政协报教育周刊编辑部近几年的科普文章精选。近几年来，我们引进了心理学、脑科学等多领域的专家介入，和我们一起关注家庭教育。2023 年，编辑部也因为这些努力获得中国家庭教育协会授予的"家庭教育公益单位"荣誉称号。

感谢中国文史出版社领导班子的支持，感谢高贝和春霞两位编辑。因为做母亲的缘故，她们对书中的知识和理念拥有更多的亲近感和认同感。于是带着强烈的社会责任感，不顾个人得失地将碎片化的报纸文字编辑成书，从而让我和编辑部同仁的辛苦有可能在更长的时间里惠及更多人。

（作者系人民政协报教育在线周刊创刊主编、高级记者，北京师范大学教育学博士、心理学博士后）

目录

主题一

感恩孩子的到来，
营造舒适的家庭气候

宝贝儿，谢谢你选择了我 / 003

不同家庭教养模式将导致不同结果，你选择什么 / 007

餐桌，一个可以很有价值的教育场 / 011

厨房有忙碌的身影 家庭便有幸福的温度 / 016

"用餐"可以是绝佳的第二课堂 / 019

把房子住成"家"——提高住商 / 023

幸福家庭是亲子间的双向奔赴 / 028

面对儿童，
学会敬畏

请站在孩子这边——谈谈教育中的"孩子立场" / 035

做家长需要学点"教育学"

　　——倾听一位抽动症孩子家长的心声 / 046

尊重儿童，要"走近"更要"走进" / 052

逢着一个丁香一样美好的姑娘 / 056

将假期生活
还给孩子

创造机会让孩子亲近生活 / 065

把假期还给孩子很重要 / 071

从"培养"到"陪伴" / 076

主题四 亲子关系建设，学会交流学会爱

和谐亲子关系建设，冲突管控是关键 / 083

成为"孩子"，才能更好与孩子沟通 / 089

平等让亲子沟通更顺畅 / 092

在亲子阅读中收获更好的亲子关系 / 095

和这个小生命互动的每一瞬间，都那么美好 / 099

亲子对话：从操控指责到信息引导 / 102

父母的嘴，影响孩子的心态 / 106

"我早就说了"，一句话搅黄亲子关系 / 110

家庭中，也要谨防"情感虐待" / 113

主题五 心理韧性与困难免疫力

压力中如何斗志昂扬、培养心理弹性 / 121

智慧家长培养有"弹性"的孩子 / 126

心理韧性关乎孩子一生幸福——每个人都要有困难免疫力 / 131

防止孩子落入"好学生情结"陷阱 / 138

考试不理想？检验下自己的心理韧性吧 / 143

孩子考试失利之后：听孩子讲故事，提升复原力的契机 / 146

社会是一个更具挑战性的考场——一位父亲写给儿子的信 / 150

警惕中小学生中的微笑型抑郁症 / 154

助力成长，
需要建设性批评

批评原可以更温暖 / 161

教孩子学会面对批评 / 165

要教孩子们学会"审美"还要学会"审丑" / 170

同样是批评，为什么有的孩子会改正，有的孩子走极端 / 173

告别拖延，
做好时间管理

如何让孩子成为时间的主人 / 185

时间规划的"避坑指南" / 189

四象限时间管理法，做"重要但不紧急"的事 / 192

时间管理三要素 / 196

主题八

培养优雅
生活者

培养优雅生活者 / 203

带孩子去听、去感受、去共鸣 / 209

智慧陪伴和引导，让孩子们爱上音乐 / 213

带孩子们去听音乐会吧 / 218

指导孩子阅读的五个要点 / 222

发生在一个家庭里的读书故事 / 227

请告诉孩子，什么是安全健康幸福的亲密关系 / 230

带孩子在积极的行动中寻找生命意义感 / 234

积极心理学告诉我们："幸福"也是一种理性选择 / 239

主题
一

感恩孩子的到来，
营造舒适的家庭气候

孩子的到来，为家庭带来了爱和希望；孩子让我们的世界更加丰富多彩。让我们对孩子的到来怀抱感恩之心，学习如何更好地关爱与陪伴，如何在忙碌的工作之余，为家庭营造舒适、和谐的气氛，与孩子共同成长进步。在理解和包容中，为孩子创造一个充满爱的温馨家园，让家庭关系更加融洽，让家庭生活更加美好。

宝贝儿，谢谢你选择了我

张　俊

　　亲子之间的爱是相互依偎却又彼此独立，彼此成全而又共同成长。理想中的亲子关系应该是这样的——像树林，彼此的根系于地面之下互相支撑，地面之上各自成长、共担风雨。

　　有很多家长抱怨自己的孩子不是"理想中的孩子"，也有很多的孩子抱怨父母"不理解自己"，从而导致亲子关系紧张。其实，在不同阶段，父母和孩子都有不同的责任，各自的角色关系处理好了，亲子相伴自然会成为一段美妙的人生旅行。

● 出生前：感谢你"选择"我，我做好"功课"迎接

进入 21 世纪，信息社会对人的素质要求越来越高，就连怎样做父母都要尽早"进修"，"合格"后才能上岗。

我曾经的一位学生，从小就是班级名列前茅的尖子生，不仅学习成绩好，德智体美劳更是全面发展。她用自身的优秀成功吸引了我对其家庭教育的好奇。在一次和她妈妈的交谈中，我突然明白了，培养孩子，是从知晓怀孕的那一刻就开始了。

这位妈妈坦言，在怀孕期间，她读了足足 53 本关于亲子关系和家庭教育的读物。身为孕妈妈的她，每天汲取着书中的养分，探索着教育子女的世界，憧憬着有了宝贝的未来，越发对腹中的孩子充满欢喜、充满期待。"宝宝还没出生，我就在心里种下了一个信念，我这么努力，我的宝宝一定很努力。"她告诉我，读的书越多，她的这个信念就越扎实。当孩子降临的时候，书里科学的理念慢慢深化到了她的内心、辐射到了她升级为妈妈后的一系列行为，也让她的育儿方法屡试不爽，孩子很自然地朝着她期待中的样子成长。

"当然，在孩子成长的过程中，我们也存在问题和摩擦。"这位妈妈告诉我，当碰撞出现时，她会欣喜地倾听孩子的想法，在她看来，孩子稚嫩的认知里存在着许多成人应该学习的天真。孩子也因此擅长表达自己的思想，喜欢从妈妈的大道理中找到沟通的交汇点。亲子之间对待问题都是秉持正向、积极的态度，似乎矛盾从来不是烦恼，而是取长补短、彼此教育。

● 成长中：你能以我为榜样，我能依旧做自己

曾有一份调查报告显示：82%的家长愿意为孩子的成功牺牲自己。

要知道，孩子是家庭幸福的延伸，不应该成为父母幸福的终止。我们给予孩子最好的爱，不是做一根蜡烛，燃烧自己，照亮孩子，而是活出自我，以身示范。

身为人母，并不意味着为了孩子放弃自己，而是要更懂得好好栽培自己。

父母经营好自己的人生，才能用自身鲜活的灵魂滋养出生命丰盈的儿女。成为孩子的榜样，同样是亲子关系的加分项，倘若连孩子都不敬佩父母，父母又怎能塑造孩子呢？

● 长大后：彼此独立、彼此成全、彼此影响

对于荣获诺贝尔文学奖的中国作家第一人莫言来说，母亲对其成功有着不可磨灭的影响。

莫言母亲的文化水平不高，但有着非凡的为人之道和教子之法。与其说生活底层的磨炼成就了莫言狂野不羁的文学风格，不如说母亲的言传身教，为童年的他遮风挡雨，为他开启写作之梦挤出了缝隙。没有母亲对其集会上听书的支持，就没有莫言如此发达的想象力；没有母亲耳濡目染的影响，就没有《丰乳肥臀》这类情感饱满的巨作。站在诺贝尔领奖台上致辞的莫言，还不忘讲述与母亲卖白菜的故事，言语之间，流露着对家庭教

育的感恩与怀念。母亲培育了当今的莫言，莫言也让这位终身务农的老母亲，有了响当当的名字"莫言的母亲"。

亲子之间的爱是相互依偎却又彼此独立，彼此成全而又共同成长。在这样相互塑造、相互影响的亲子关系中，父母与孩子才能彼此道一声"谢谢你，教我成为更好的自己"。

理想中的亲子关系应该是这样的——像树林，彼此的根系于地面之下互相支撑，地面之上各自成长、共担风雨。我接纳你的不足，你欣赏我的独特；我懂得你的付出，你理解我的坚持；在我需要的时候抱紧我，在你离开的时候目送你，彼此成全，共同成长。

（作者单位：青岛市教育局）

不同家庭教养模式将导致不同结果，你选择什么

裴 娜

家庭教养风格是会代际传递的，父母会在无意识中延续自己父母的教养风格。最理想的家庭教养风格是权威（支持、民主）型的。这种父母常常能在进退之间保持坚定，在制定清晰一致的规则对孩子进行限制的同时，也能给予孩子情感支持，并鼓励孩子独立。

现代精神分析心理学特别强调"关系"这个核心概念，它认为每一个个体终其一生都在渴求弥补早期童年亲子之间缺失的亲密关系——爱、温暖和尊重。成年人的心理问题基本上都可以在"关系"或"自恋"这两个词语上得到解读。现代精神分析流派认为，早期童年家庭父母的教养风格对孩子一生的人格塑造产生着重要影响。

父母的教养风格可以划分为四种类型：专制型、忽视型、放任（娇纵）型、权威（支持、民主）型。亲子关系会影响个体的早期依恋模式，依恋模式是儿童内在安全感的体现。亲子交往模式会使个体形成关于人际交往的早期刻板印象，这种早期学习经历会影响个体成年后的人际互动模式。成长过程中如果遭遇挫折，会导致人格脆弱的个体退行到幼年，采用童年时期习得的亲子互动方式来寻求安全感和平衡感。

专制型父母控制、惩罚、严格、冷漠，对孩子有更多的挑剔、批判、指责和批评。他们的话语就是法律，崇尚严格的、无条件服从，不能容忍孩子表达不同意见。以父母是万能的大人而自居，不允许孩子反驳，反驳就是不孝顺。从心理学的角度来看，这种超我道德绑架甚至可以造成精神虐待。对于孩子来说，既然反驳父母是错的、不孝顺的，父母没有错，错的那个就一定是我了。孩子会隐约觉得这里有什么不对的地方，但是"反驳父母是不对的、是不孝顺的"这样的道德感不允许他把自己的想法和观点表现出来，于是人格倾向于压抑。为了缓解这种内心冲突，平衡内心的不安全、不稳定感，孩子会将成年人的评价内化，认为"我是不好的，我是不完美的，我是不对的"，形成自卑和罪恶感。毕竟幼小的孩子是要依靠成年人来生活的，很多孩子会通过服从、听话来自发讨好父母，目的就是赢得父母的喜爱和肯定。不自信的、讨好的孩子长大后如果遭遇失败和挫折，结果是会强化他的这种消极自我认知进而导致行为退缩。这种儿童长大后很容易形成讨好型人格。

忽视型的家庭教养风格是指父母忽视孩子的情感体验，与孩子情感隔离。形成这种风格的原因之一是父母自身人格不成熟，自身就是情感隔离的人，不懂得如何和孩子进行精神交流；原因之二是父母由于能力有限，生存压力较大，忙于生计，认为孩子还小，没有什么情感和精神世界，只需要满足其基本生理需求即可，视自己的角色仅仅为喂养、穿衣及提供庇护场所。父母极端忽视孩子情感心理体验会导致孩子陷入自卑或自恋之中。为了维持内心的平衡和安全感，为了让自己的遭遇合理化，孩子会形成这样的认知：自己不值得被爱、被理解、被尊重，没有人会在意我的感受，我是可怜并孤独的，爱父母但是得不到父母的回应，于是孩子只能自己和自己玩儿，只能自己爱自己。自卑、自怜、冷漠和自恋很可能会伴随这样的孩子长大。成年后由于情感冷漠、自恋和缺乏安全感，难以与人建立长久的可信任的关系；也可能在关系中因为过度索取被别人拒绝时，就会利用自证效应来自我安慰，心里会有非常消极的暗示："看吧，我果然是不值得被爱的。"

放任（娇纵）型的家庭教养风格是指父母几乎很少对孩子提出要求，且并不认为自己对孩子的行为结果负有很大责任。对孩子行为不施加什么限制或控制，于是孩子为所欲为、唯我独尊。在这样的环境中长大的孩子，会形成这样的不当认知："我可以支配所有人，所有人都受我的支配。"自大、自私、自以为是，缺乏共情能力。这样的个体成年后在群体中容易被排斥孤立，但并不自知。社会群体会给他上一堂深刻的人生课。

最理想的家庭教养风格是权威（支持、民主）型的。这类父母在制定清晰一致的规则对孩子进行限制的同时，常能给予孩子情感支持，并鼓励孩子独立。父母常会给孩子讲道理，向他们解释为什么应该按照特定的方式行事，并与孩子交流他们所施加的惩罚的缘由。生活在这样家庭中的孩子是幸福的，也是幸运的。

我们说家庭教养风格是会代际传递的。父母会在无意识中延续自己父母的教养风格，尤其是在专制型和忽视型家庭环境中长大的父母需要时刻警惕。精神分析心理学把这种心理防御机制称为"反向形成"，即意识层面的内心明明是"爱"，表现出来的却是"恨"，是伤害。

今天，精神分析心理学流派从原生家庭亲子互动关系的角度探索个体人格成长发展的根源，已经得到大量当代脑科学研究和循证科学研究的支持。心理健康的人是处于不断成长中的人，所谓的成长主要是指个体的人格趋于成熟和完善的过程。家庭教育不仅是针对未成年孩子的教育，父母自身也是被教育的对象。人格未成熟的成年人无法控制自己的情绪，显然也无法引导自己的孩子健康成长。

今天的家庭亲子交往出现了新的时代特点。家校边界模糊，使得家庭承担起更多知识传授的责任；电子信息化时代的发展，引发了电子产品的诱惑力和孩子学习之间的矛盾；学业压力和学业生涯规划也成为家庭亲子互动的重要内容。不得不说，今天的家长和孩子都默默承受着社会发展带来的精神心理压力。社会和时代发展，更让当今的家庭教育变得愈发复杂和专业化。

作为父母，我们应当意识到，是孩子的到来才使得我们成为父母。孩子是促进父母人格成长的钥匙，为人父母在陪伴孩子成长的过程中要不断进行自我反思，不断进行自我人格塑造。父母和孩子共同成长，才能走向幸福。

（作者单位：吉林省教育学院）

餐桌，一个可以很有价值的教育场

李一凡

用餐时间是家庭成员相聚的宝贵时刻。除了共享美食，父母还可以鼓励孩子分享他们一天的经历和感受。在充分的"放松闲聊"中，体会孩子的快乐和悲伤，围绕他遇到的困惑进行开放性讨论，支持他通过反思去尝试解决问题。这些经历能让孩子切实感受到被尊重、被关爱、被接纳、被鼓励，成为他内心坚定自信的源泉。

在如今教育竞争愈加激烈的时代背景下，越来越多的父母不断加大对孩子的教育投入，包括时间、精力和金钱，这种家庭教养方式被称为"密集型育儿"。然而，父母的这种过度投入又多表现在学习方面，所谓的陪伴孩子、沟通交流，也大多是围绕学习成绩而进行的，并没有投入在真正的心灵沟通上，亲子关系也并未因加大投入而更亲密，反而爆发更多冲突，或者变得更淡漠疏远，甚至埋下诸多引发身心疾病的隐患。

作为一名中学生家长，对此我深有体会。我和先生虽然也和大多数家长一样，为儿子的成长毫不犹豫地投入了相当多的时间、精力和金钱，但我一直在内心不断提醒自己：不做"直升机家长"，给孩子保留独立的空间；不做"虎妈"，尊重孩子自身的发展节奏，接纳孩子的不完美；拒绝"唯成绩论"，时刻注意扩张孩子生命的高度和维度。

中考过后的假期略显轻松，我们全家有了更多共处的时间，一起吃一顿又一顿的饭，一起聊各种各样的话题，情绪的宣泄、观点的表达，困惑与顿悟、焦虑与释然……在开放、不功利的闲聊中，我看到了小小少年越来越开放的内心……

● 少了 5 分还是多了 1 分

由于中考分数并没有达到预期目标，儿子心情颇为沮丧。我知道，此时家长第一要做的就是先处理好自己的情绪，千万不能把不良情绪发泄到孩子身上。当经历了复杂的内心斗争，最终战胜虚荣心和攀比心，我就全然接纳并共情到了孩子的情绪。这天，他躺在床上，叹了一口气，幽幽地说："哎，我怎么没多考 5 分？我要是再多考 5 分多好呀！真倒霉！"我望着他黯淡的眼神，抚摸着他的背，说："是啊，怎么就少了这 5 分呢？"我内心没有指责、没有埋怨，只有心疼，感受着他的感受。忽然，我闪过一个念头，叫了一声："哎呀，为什么不这么想呢？幸亏多考了 1 分，如果少了这 1 分，就上不了现在这个学校了呀！你多幸运啊！你不是少了 5

分，而是多了 1 分啊！"儿子忽然睁大了眼睛，惊讶地看着我，然后哈哈笑起来："好像是这样的啊！"

美国著名理论物理学家列纳德·蒙洛迪诺提出一个概念叫弹性思维，这是一种富有张力的思维品质，能够使人打破条条框框，跳出思维定式来看问题。只有当我们掌控和驾驭情绪，才能给自己创造转念的空间，在失去中看到获得、在不完美中看到生机，获得一种审美的、自由的精神解放，使命运发生建设性的改变。这次谈话不仅表达了我对他的接纳和信心，也帮助他适度宣泄了情绪，学习如何换个角度看问题。

● 你说了个 A，孩子听了个 B，爸爸听了个 C

先生和儿子都是典型的理工男，为了帮他们多开发点脑回路，我常常发起"你听出几个意思"的讨论。晚饭时，我指着刚刚出锅的地三鲜，"语重心长"地说："真是好吃，你们得全吃完啊！"然后看着他俩问怎么理解我的话。先生一边吃一边说："就是说好吃啊，让我们吃完，别剩下。"儿子说："你的口气有点不大对劲，可能是嫌我们浪费？"我叹口气，说："哎，我表达了两层意思，一个就是说好吃；另一个是说，我每天为一日三餐操劳，日复一日，如此烦琐，还能这么用心做出如此美味，你们应该好好感谢我啊！""啊！"先生和儿子面面相觑惊叫了一声。就这样，我们一有机会就玩这个游戏，有时候在生活中我也会不失时机地提醒儿子如何正确地理解别人的意图，听懂"弦外之音"。

随着互联网数字化的普及，人工智能已经走进我们的生活，深深影响着我们的社会，据说未来10年可能将有超过50%的职业会被人工智能取代。而人类的深度复杂思维、发散能力、想象力、创造力、同理心和沟通能力则可能更彰显出人类的优势。培养同理心和共情能力可以让孩子对他人和世界更具有尊重与包容的态度，也更能激发他们积极善意的行动，去维护良好的人际关系和社会秩序。而这些能力，也只有在多倾听、多表达中才能形成。

● 及时关注，帮孩子走出心理困境

有一天，晚饭桌上儿子略显消沉。我和先生发起很多话题，他也没怎么参与，兴致不高，有点反常。最后，我问他是不是有什么心事。他若有所思，心事重重，最后还是忍不住说了一件事儿。他喜欢的某音乐论坛里有一个画画天才少年最近在论坛里被"挂"了，而且还遭遇家庭暴力和校园欺凌，最后这个孩子自杀了。儿子讲的时候还有点激动，曾经鲜活的生命忽然就消失了，他的声音里充满惋惜，也充满愤怒："大家要找出论坛里攻击他的那些人，可是查不出来！他妈经常出差，他和他爸还说起过学校有人欺负他，可是他爸没怎么理他……关键是他爸自己还打他！""啊，那这个爸爸对孩子太不关注了！家长最应该关注的就是孩子的心理和情绪，这样才能给孩子最及时的帮助！""就是啊，我刚才就有那么一点情绪上的表现，你们都发现了。""只有你信任我们，我们才能陪你一起摆脱那些困境。"儿子进入短暂的沉默，接下来我们又一起讨论了生命的宝贵，讨论了家长的责任，讨论了网络这把"双刃剑"，尤其是网络霸凌对青少年的伤害，以及如何做好自我保护，我们还讨论了法律武器在现实操作层面的诸多现实困难，等等。

随着年龄的增长，步入青春期的孩子社交范围不断扩大，会根据自己的兴趣爱好，选择与不同的人交往，认识到自己和他人的差别，从而经历探索自我认同感、建立自我同一性的过程，这对他们人格成长至关重要。父母作为孩子的安全港，给予孩子关爱和引导，可以使他们在尝试冒险时不会感到痛苦和焦虑；在"闯世界"的过程中也能逐渐摆脱"以自我为中心"，更多地去理解社会、国家和世界。

美国社会心理学家库利在"镜中我"理论中指出，心智不但不是像笛卡儿所认为的超然于外在的世界，反而是个人与世界互动的产物。个体正是通过与他人的社会互动和大量的交谈获得各种各样丰富的经验，进而保持头脑的活跃与思维的活力；也可以获得各种差异比较和关系视角，避免在完全自我的感觉中故步自封，从而不断完善自己独立的人格，形成丰满的人性。家庭，作为个体成长的初级群体，天然具有亲密的关系和浓厚的感情色彩，必然应成为滋养人性的丰厚土壤。

当前在"双减"背景下，以学业监督为主的密集型育儿应向民主平等、共情交流转变，家长与孩子从应接不暇的学业负担中解放出来，在充分的"放松闲聊"中与孩子分享发现的快乐和挫败的悲伤，围绕他遇到的困惑进行开放性讨论，支持他通过反思去尝试解决问题。这些经历能让孩子切实感受到被尊重、被关爱、被接纳、被鼓励，成为他内心坚定自信的源泉。

（作者单位：北京教育科学研究院）

厨房有忙碌的身影 家庭便有幸福的温度

李　娜

民以食为天，让孩子吃得营养、健康成长这件事，是育儿最基础、最重要的环节。做好家庭中的饮食教育，有助于培养出健康、勤劳、感恩、有修养的好孩子。

吃饭，是每个家庭每天都在发生的事情，可能是过于普通和常见，人们往往会忽略了它的教育意义和文化传承功能。日常琐碎的生活，也是真实的教育场景，我们让孩子体验真实的生活，提高对生活的认识，避免"鸡蛋是冰箱生的，豆腐是长在树上"的笑话，也让孩子学会劳动、尊重劳动并热爱劳动。

结合亲历，分享我们家的探索：

把主动权交给孩子，亲子一起准备食材。许多家长抱怨孩子挑食偏食，而解决孩子挑食偏食的好办法就是把主动权交给孩子。家长要提前和孩子根据膳食宝塔制订好一周或一日食谱，邀请孩子一起去菜市场或超市挑选食材。市场琳琅满目的食材，对孩子来说也是一次视觉和触觉的盛宴，他可以通过看颜色、闻味道、感知软硬度来对比、挑选新鲜健康的食材。同时，家长还可以给孩子普及一些营养知识：每餐都要荤素搭配才能摄取蛋白质、维生素和矿物质，番茄、红辣椒等红色的蔬菜富含番茄红素、辣椒红素，胡萝卜、橙子等橙色的食物富含丰富的胡萝卜素，茄子、紫甘蓝等紫色食物富含花青素（强效抗氧化），这些营养需要科学搭配，才更有利于健康。

开放厨房，一起制作美食。厨房是家里的美味实验室，每个孩子从小就对厨房充满好奇。在确保厨房水、电、燃气以及重物、尖锐物安全的情况下（这本身也是安全教育），家长多邀请孩子参与厨房的劳作，从帮忙择菜开始，到洗菜（孩子都很乐意，因为可以玩水），再到切菜（刀具使用安全要教育），最后是通过蒸焖炖煎炒等让食材变成美味可口的食物。烹饪是一项重要的生活技能，也是为家人付出的过程，更是体验辛勤劳动的过程。父母对孩子说100遍"锄禾日当午，汗滴禾下土"，都不如让他亲自花一两个小时为家人准备一餐来得真切。厨房里有忙碌的身影，家庭就有幸福的温度。

营造轻松愉快的进餐环境。布置好餐桌，摆上丰富美味的食物，坐在固定的位置上，随着一句"吃饭啦"，开始了丰富的味觉之旅。和自己最爱的人一起愉快地吃饭，这是世界上最美好的画面。家长切忌在饭桌上批评孩子、大肆谈论孩子学习的问题。

遵循正确的进食顺序。告诉孩子，吃饭先喝汤，垫一垫肚子，增加饱腹感，再吃蔬菜和肉类，最后吃主食。既确保营养均衡，又避免因主食吃多导致营养过剩引发肥胖。现在很多人肥胖，就和儿时不良饮食方式有关。

一起收拾餐桌、打扫厨房。饭后收拾餐桌、洗碗洗碟、刷锅、扔垃圾等，这是孩子作为家庭的一分子在承担自己的家庭责任，也在无形之中培养孩子的家庭责任感。

培养良好的餐桌礼仪。我国自古就是礼仪之邦，餐桌礼仪是中华民族的传统美德，每个中华儿女都有义务传承下去。日常生活中必须培养的基本餐桌礼仪有：长辈先入座、长辈先动筷子；双手给别人递筷子、不用筷子指人、不能将筷子插在饭上；不能拿筷子敲碗、不能用筷子随意挑拣盘中的饭菜；用餐时嘴巴不发出声音，食物在口不要说话；不能对着饭菜咳嗽；用完餐告诉别人"我吃好了，请慢用"等。

民以食为天，让孩子吃得营养、健康成长这件事，是育儿最基础、最重要的环节。做好家庭中的饮食教育，有助于培养出健康、勤劳、感恩、有修养的好孩子。

（作者单位：广州城建职业学院）

"用餐"可以是绝佳的第二课堂

张　岩

吃饭是人人日日重复的必需与日常，仔细想来，也必然是意义非凡的功课与严肃命题。既然很多学生天天都在学校吃午饭，甚至一日三餐都在学校食堂，为什么不能把用餐时间营造为第二课堂呢？须知学校生活时时处处皆是教育，在这片圣土上，吃饭的意义远不止果腹之用。

曾经看过一段视频：画面上是某国一所学校的小学生在学校午餐的 8 分钟视频，镜头中学校生活画面自然、朴素、温暖，但却震撼人心，让人深思。

学校午餐的全员全程劳动，蕴含着十分丰富、真切可感的教育契机。亲身体验户外种植乐趣，了解从食材到食物的一道道加工过程，让孩子们由衷亲近和敬畏盘中菜饭，这都是土地与自然的馈赠；铺上桌布，排队取餐，安静进食，让一顿平凡的午餐拥有了秩序和仪式美感；对所有服务人员说声"谢谢"，表达了对他人劳动和付出的尊重；雷打不动地饭前洗手，戴口罩、戴发套取餐、发餐，饭后刷牙，培养了良好的个人卫生习惯；取餐、送餐、公布餐食信息、餐后打扫，各司其职，团结协作，正是强化集体观念的实践；不嫌麻烦地拆洗用过的牛奶盒，整齐码放，分类回收，是对保护资源环境之基本国策的认真践行；用石头剪刀布的游戏方式分配剩余食物，体现了儿童世界人际关系的民主、公平和正义法则。总之，以吃饭为载体的教育，能够有力激发出德智体美劳的全人教育活力，能够彰显出人类基本美德和高尚价值情操。

2019 年 2 月 20 日，教育部、国家市场监管总局、国家卫健委等三部门共同发布了《学校食品安全与营养健康管理规定》（以下简称《规定》），堪称我国"史上最严格的学校食品安全与营养"规定。《规定》最引人关注的是明确中小学、幼儿园建立集中用餐陪餐制度。陪餐制度将有助于推动学校领导更加重视学校食品质量的日常监管，及时发现问题、反馈问题和解决问题，更好地保障学生用餐安全与营养健康。

笔者思考：我们在为学生提供安全、营养均衡餐食的同时，能否尽力让每一餐都更好地发挥食育的作用，特别是在助力学生的全面发展中发挥重要作用？在课程表被排得满满的学校生活中，我们能为午餐预留多少时间？老师们又是否充分利用午餐时间进行了教育？饭来张口，孩子们草草吞食了他人劳动的成果，却少有机会体会到他人为此付出的艰辛，一次又一次地错失了品味劳动之美、劳动之趣和劳动之情的机会。

社会主义核心价值观和立德树人需要融入和落实于学校和家庭生活中的人人、必需、点滴和日常。

食育，是一种基于食物的教育方式，包括两方面含义：一是饮食教育；二是通过饮食开展教育。所以，食育不单单是基于食物的营养教育，它还可以是技能教育、生活教育。

因此食育被认为是生存之本、教育之本。书本是学习的重要载体，但绝不是唯一有效的途径。有些教育目标的实现，如道德的培育、意志的锻炼、习惯的养成、技能的掌握、美感的熏陶和价值观的塑造，不能仅靠纸上谈兵、口中说教，而是必须亲身实践和切身体会。既然很多学生天天都在学校吃午饭，甚至一日三餐都在学校食堂，为什么不能把用餐时间营造为第二课堂呢？须知学校生活时时处处皆是教育，在这片圣土上，吃饭的意义远不止果腹之用。

回想自己小时候，20世纪80年代，学校条件差，但也天然创造了许多劳动的机会。我有整整5年的时间，每天早早起床，在黎明前的黑暗中风雨无阻地走到学校，用胸前引以为豪的班级钥匙打开教室门上的铁锁，迎接老师同学的到来。隆冬时节，更要早起到校，把废纸、树枝和碎煤块儿一丝不苟地装填在教室中央的铁炉中，"刺"的一声划着火柴，一簇小小的橘红色的火苗在缕缕浓烟中逐渐升腾成熊熊烈焰。炉火烧红时，同学们陆续来到教室，温暖一下子热情拥抱了他们，那是我最开心的时刻。学生时代的劳动体验铸就了我一生进取的座右铭：生命不息，奋斗不止。如今生活条件好了，但我仍然保持着劳动的习惯，无论是在家里还是在单位，走到哪里干到哪里。我相信，洗衣做饭刷洗洒扫是人的本分，爱干活儿会干活儿的人不一定会有大出息、大作为，但至少能自食自力，不给他人添麻烦。

在吃饭越来越不成问题的今天，不要忘了，我们的前辈曾经有过刻骨铭心的饥饿记忆。那一代人的青春岁月，既是难以忘怀的吃不饱的岁月，更是在艰苦磨难中拼搏进取的岁月。在劳动的青春之歌中，一代共和国的脊梁扎根生活、体察民情，在锤炼人生的过程中，体味天下疾苦，与劳动人民建立起血肉联系和深厚感情，也铸就了艰苦奋斗、报效家国的远大志向。没有这段岁月的磨砺，就不会有人之成长和国之担当。这也就是今天我们仍要牢记"奋斗人生"的根由。

很难相信，一个不会做饭、从不做饭，饭来张口，吃相难看，饭后甩袖而去，留下满桌杯盘狼藉的人，可以是一个值得信赖和托付之人。

我近乎固执地认为，一个用心做饭、专心吃饭的人，会是一个好丈夫、好妻子、好爸爸、好妈妈，也会是一个好公民。这样的人，一定会珍惜物力，遵守秩序，勤劳奉献，拥有热爱生活、懂得感恩、珍惜幸福的健全人格。

那么，就让我们从现在开始，给孩子们好好讲讲吃饭的道理和规矩，让他们从每日的就餐过程中持续修炼为人的核心素养吧！不要让孩子在吃饭这件大事上，输在人生的起跑线上。

记忆中，儿时的温暖与妈妈喊我们吃饭的声音相伴，而学会好好吃饭，则是孩子终身受用的必修课。

（作者单位：吉林省教育学院）

把房子住成"家"——提高住商

徐艳红

家庭建设，外表是房子、是颜值，核心是"爱"。人们日益意识到，家庭文化对孩子的健康成长影响巨大。而健康温暖的家庭文化首先从家庭物理空间的整洁有序开始。因为家不仅仅是物理意义上的房子，更是每个成员的精神港湾，它需要和谐健康的家庭文化的注入。

● 整理与收纳被教育部纳入学校劳动技能的任务群

据整理收纳师刘琴介绍，整理收纳源于 20 世纪 70 年代末和 80 年代初的美国，于 90 年代传入日本，并在日本得到了很大发展。这跟日本人爱整洁且房屋面积狭小有一定关系。2004 年，整理收纳被编入日本学校课程。我国整理收纳业的发展深受日本影响。2013 年，借助微信公众号等平台，整理收纳的理念传到我国。近些年，我国对收纳的关注度大幅提升，这与前几年一、二线城市房价飞涨，个人居住空间受到很大的限制也有关，要让有限的空间承载最大的容量，就需要在整理收纳上下功夫。刘琴说，从 2011 年开始，搜索"收纳"关键词的次数明显上升。2013 年起，我国对收纳的认知和需求进入大幅增长时期。2021 年，随着抖音短视频的兴起，整理收纳被大众所熟知，国家也关注到了这一现象。2022 年 4 月 21 日，教育部发布《义务教育劳动课程标准（2022 年版）》，将劳动从原来的综合实践活动课程中完全独立出来，并于当年秋季学期起，将"整理与收纳"作为劳动课的任务群，纳入中小学的课程体系，并贯穿 1 ～ 9 年级。

而 2022 年 9 月 28 日，人社部发布了修订版职业分类，"整理收纳师"被正式纳入居民服务人员职业类目。

"当然，虽然整理收纳为大众熟知，也纳入学校的一项劳动技能之中，但要真正落到实处，还需要一个过程，毕竟各个城市和学校有差异。"刘琴说。

● 整理收纳也是家庭教育的重要内容

家庭环境会影响人的心情，也影响家庭氛围，家庭环境对孩子一生发展都有着重大意义，这在很多心理学的书籍中多次被提到。

刘琴说，物质环境和儿童养育行为都很重要。智力发展较好的幼儿家庭中，一般有很多教育类的玩具和书籍。他们的父母能促进孩子语言的发展和知识的增长，并会带孩子各处旅游以增长见识。他们还能就儿童成熟的社会行为提出合理要求，而让孩子做简单的家务就是其中一部分。

刘琴介绍，在《小家，越住越大 3》这本书中，提到了一个"住商"的概念。所谓"住商"，就是把房子变成家的能力，把房子住成家的智慧；书中讲了一套完整的知识体系，它可以帮助我们建立"家"的结构化认知，提前形成知识地图，避免一头扎进装修或装饰的细枝末节中去。而整个住商体系里，基础是收纳和功能，外表是颜值，核心是爱。

"我们都听过情商、财商，第一次听到'住商'时让我眼前一亮，因为整理的背后就是价值观体系在做选择，而'住商'这一概念很好地诠释了一个家庭的建设，核心是'爱'，包括家里人住得开心不开心，安全不安全，健康不健康？"而在建立家居的收纳系统时，更要弄清楚一系列问题：家里所有成员对家的期待是什么样的？家庭成员的共同生活目标是什么？家庭关系怎么样？满足生活需求的方式又是什么？当这些问题达成了共识，家庭建设就会有清晰的方向，家庭成员就能共同参与和维护家庭环境。

而整理收纳对个人的影响，还体现在时间管理、自我管理、情绪管理上，再也不会在"找不到、放不下、一直收拾一直乱"的这种状态中内耗。

"当家庭中的所有成员都能有以上的觉察，我相信这个家中的所有成员都能够感受到被爱。因为当我们说什么是'家'的时候，有一个很简单的衡量标准，就是不管走到哪里，就是想要'回家'。如果我们能够拥有

'住商'，那我们的家人在外面就向往着回到舒适、温馨、安全、整洁的家里，这样就实现了'家'对于一个人生命的意义。"刘琴说。

● **家长与孩子一起搞定属于自己的空间**

整理收纳师的职业定位为家政服务业，目前，在各大互联网平台的推波助澜下，整理服务的总量有明显的增长。但是，整理收纳的真正价值还没有被大众认知，仅停留在物品整理、空间改造阶段。

刘琴表示，要想把整理收纳当作事业，需要有一定的热爱为前提。目前 80 后依然是整理师的主力军，凭借对生活和职场经验的积累，该阶段人群更多考虑的是职业转型、副业变现途径和自我价值实现。"40 岁 +"人群在整理行业中的增速最快，由于整理行业没有年龄门槛限制，此阶段人群凭借其在特定领域和人脉方面的优势，可快速入行，同时此群体更加关注提升自身家庭生活质量。

《2022 年中国整理行业白皮书》（以下简称《白皮书》）报告显示，相比传统的家政行业，整理收纳还属于较新兴的服务领域。伴随着以 80 后、90 后为代表的新一代主力消费群体的崛起，对服务体验和美好生活方式的追求，将激发"整理收纳服务"更大的市场潜能。《白皮书》认为，整理教育培训市场，还须更关注和提升课程实用性及课程服务质量，课程内容须更细分，以满足中小学课程体系中的"整理与收纳"要求及大众选择整理收纳作为新职业技能学习的需求。

此外，全国整理行业逐步形成咨询型、托管型、亲子辅导型三种服务类型。其中，随着家长对于从小培养孩子整理意识和习惯的重视，除了整理儿童房，当下还衍生出一类亲子辅导型服务，包含亲子启蒙式整理服务和新生儿陪伴式整理。其旨在通过正确引导和学习，让家长与孩子一起搞定属于自己的空间。

（作者单位：人民政协报教育周刊编辑部）

幸福家庭是亲子间的双向奔赴

李浩英

家庭是一个动态的、亲子相互影响的交互系统。幸福的家庭不是凭空出现的，需要建设和推动。家庭教育永远在路上，幸福家庭的建设也永远在共同成长中。

《中华人民共和国家庭教育促进法》所称家庭教育，是指父母或者其他监护人为促进未成年人全面健康成长，对其实施的道德品质、身体素质、生活技能、文化修养、行为习惯等方面的培育、引导和影响。结合自身实际，我认为家庭教育是一个家庭的终身教育，不只针对十八岁以下的未成年人，哪怕儿女已经大学毕业走上工作岗位乃至成家立业，家庭教育也依然在路上，幸福家庭的创建，是父母和孩子的双向奔赴。

女儿大学毕业后就职于设计公司，每日加班成为常态，在我们这样一个重视早睡早起的家庭中，我们无奈地接受了她经常深夜回家的现状。心疼着、提醒着但还是迎来了她坐下就站不起来的腰部疼痛的状态。那是年前刚刚放假的一天，悠闲地躺在沙发上看电视的她，刚刚站起来没走几步就"哐当"一声倒了下去，等我们赶紧跑过去时发现她居然出现了短暂的昏迷。一番电话咨询后，我们才知道是久坐导致脊柱神经受到过度压迫，医生给出的建议就是先吃点止痛药，之后循序渐进地进行锻炼即可恢复。

当时正值疫情刚刚暴发的那个春节，全国上下都是居家办公，也正好有了可以自主安排时间的自由。于是全家人制订了健身计划：每天下午6点到7点半爸爸以减重为目标，开启骑车、跑步、踢毽子相结合的模式；女儿以恢复自由行走为目标，参与踢毽子并尝试跑步。一晃三个月过去了，爸爸的体重创历史新低，居然减掉了30斤；一家人踢毽子的水平也直接从1个提升到连续踢30个不落地；在三口人的大汗淋漓、欢声笑语、大嚷大叫中，女儿的腰疼好像也被驱赶得无影无踪了。这期间难免出现女儿不想动的情况，爸爸立马以身作则，拿着毽子先下楼。等爸爸懒得跑步时，女儿和妈妈先跑起来。

那一年年底，我们三口人也光荣而自豪地挑战了第一次全家都参加的半程马拉松比赛。疫情持续三年，陆续得到的奖牌挂满了半面墙壁，这或许就是我们一家人共同成长的见证。

结合这样的家庭互动，我更倾向于将家庭教育定义为"具有增进家人关系与家庭功能之各种教育活动"，家庭是一个动态的、亲子相互影响的交互系统。此间在家庭教育的方式方法上，"潜移默化，言传与身教相结合；相互促进，父母与子女共同成长"是必须秉持的原则之一。

培养孩子的普遍目的在于帮助孩子成长为能在其所处文化中作出贡献的一员，这一点在世界各地都很相似。现在我们也在和有共同理念的家庭一起倡导更多的家庭读书、运动，旨在用更多的形式促使家庭成员共同成长，在成为书友、队友的基础上培养共同的兴趣爱好，潜移默化地推动共同的价值观形成，为一家人成为永久的精神伙伴、共同缔造幸福家庭而努力，为社会和国家培养人才。随着越来越多的人加入幸福家庭的建设中，我们也更加意识到，幸福的家庭不是凭空出现的，需要建设和推动。比如，我们在确定早起读书或周末跑步的目标后，全家人不仅要认真地思考、计划和排列优先次序，还要将才智、愿望、观念以及决心结合在一起，在家庭经营上下功夫并作出必要的牺牲。

家庭教育永远在路上，幸福家庭的建设也永远在共同成长中。

（作者单位：北京师范大学中国教育与社会发展研究院）

主题二

面对儿童，
学会敬畏

《中华人民共和国家庭教育促进法》提醒我们每个人：家庭是孩子的第一个课堂，家长是孩子的第一任老师。而科学的家教，首先要树立科学的儿童观。简单地说，便是如何看待儿童、如何对待儿童的问题。几千年来，受封建宗法制度的影响，在我国，成人常常有意无意地忽视儿童的独立人格和独立思考。在此背景下，平等的对话，以及建立在了解、理解基础上的教育和引导难以真正发生。纵观现代家庭教育的实践，有效的家庭教育，首先要从树立科学的儿童观、从尊重儿童做起。

请站在孩子这边——谈谈教育中的 "孩子立场"

卢　锋

　　和孩子站在一起，必须让生命回归教育的主场，让孩子站在舞台的中央，这是我们包括父母、教师在内的每个教育工作者的使命。

··

　　从宏观的社会共识到微观的教育常识，需要包括父母、教师在内的每个教育工作者的一次关键的"立场转换"：从抽象地谈论和坚持某些教育原则、方法的"道理立场"，从单向地强调成人世界的责任、义务的"规则立场"，转换到真正地促进和帮助教育对象成长的"受教育者立场"。我们须站在孩子的立场，拥有儿童的视角，这在某种意义上可以理解为教育中的站位意识。从"道理立场""规则立场"转换到"受教育者立场"，这是教育中的"惊险跳跃"，如果失败，那么不仅教育变得无效，孩子的身心健康还会受到伤害。

这里谈及的受教育者包括儿童、未成年人，为了叙述方便，在下文中"受教育者立场"统称为"孩子立场"。

● 如何理解"孩子立场"

对于什么是"孩子立场"，一般人会从"站在孩子的角度看问题""要和孩子换位思考""想想假如我是孩子"等角度去思考和回答，这些当然都是对的，需要强调的是理解"孩子立场"的关键不在于"换位"，也不在于"立场"，因为在现实中那些打着"孩子立场"，对孩子说着"我这是为你考虑"，却屡屡让孩子受害的现象屡见不鲜。事实上，是我们对"孩子"的理解程度决定了我们对待孩子的立场，因此理解"孩子立场"的关键在于理解孩子。以下尝试从几个视角进行分析，以期帮助读者更好、更自觉地站在"孩子立场"。

从必然性理解孩子的问题。必然性是指孩子出现的任何行为和表现，都不是无缘无故发生的，都是有内在原因的，孩子表现的"好"与"坏"，本质上源于教育行为中的"对"与"错"。正如心理学家阿德勒所说："如果想对一个人的性格作出公允的评价，就一定要了解其成长经历和生活环境。"教育者只有认识到孩子发展中的种种必然性，才能避免教育生活中的"指责""失望""纠结"等"不接受""不面对""不放下"行为，才能真正地理解孩子、接纳孩子、看见孩子，才能"心甘情愿""自觉自愿"地站在孩子的立场。

从生命性理解孩子的本质。生命性是指要站在生命的立场来理解孩子，不能把孩子当成"工具""物品""手段"。把孩子理解为生命，就是要看见孩子是"活的""动的"，孩子是会成长的、创造的、有活力的，无时无刻不在自我更新、自我突破之中。站在生命的视角，我们更应该将"孩子"理解为一个动词，而不是名词。把孩子理解为生命，就是要看见孩子是有内在需要的、有情感的、有尊严的、有追求的，需要我们去关心、走进、联结、唤醒，不能把孩子当作"物"去控制和使用，而是把孩子当作"生命"去感受和理解。只有当教育者站在生命的立场，也才能"精准"地站在孩子的立场。

从独立性理解孩子的身份。独立性是指孩子有其独立人格和身份，并不"隶属于"父母。思想家纪伯伦曾在他的诗中写道："你的子女，其实不是你的子女……他们在你身旁，却并不属于你。"很多父母认为孩子是自己生命的一部分，将自己的梦想寄托在孩子身上，以爱的名义把孩子塑造成自己想要的模样，这样的爱对孩子来说是"不公平的""痛苦的"，甚至是"残酷的"。同时要看到，孩子在儿童发展时期，并不是成人的预备，也不是成人的缩影，他们是独立的。不能承认孩子具有独立人格，父母和子女之间就难以有真正的尊重，对孩子的"爱"容易演变为"控制"和"命令"，就会埋下很多冲突的种子。承认孩子的独立性，把自由还给孩子，孩子才能展翅高飞，当父母不再"囚禁"孩子，其实也是父母找回了自己的自由，建立在自由和平等基础上的家庭关系更能促进彼此的成长。

从主体性理解孩子的动力。主体性是指孩子发展的主要力量在于其自身，谁也无法替代孩子。改变孩子的只有孩子自己，包括父母、教师在内的任何其他人都无法直接改变孩子，除非孩子愿意自我改变。教育者看不到孩子发展的主体性，就会"包办""代替"孩子的生活，变相地剥夺孩子发展的空间和能力，或者无视孩子身心发展的规律而"揠苗助长"，不仅徒增家庭教育的"内耗"，而且容易制造亲子矛盾、扭曲亲子关系。教育者认识到孩子发展的主体性，就是要想方设法呵护、引导孩子愿意成长和发展的内生动力，帮助孩子树立"我要"的自觉、增强"我能"的信心、提升"我敢"的勇气，发掘孩子的内驱力，帮助孩子自主、自立、自律、自强、自我超越，做自己生命发展的主人。

从差异性理解孩子的独特。差异性是指没有两个孩子的先天遗传条件是完全一致的，也没有两个孩子的后天环境是完全一致的，因此每个孩子都是不一样的，每个生命都是独一无二的。教育者看不到孩子发展的差异性，就会简单地拿孩子做比较，而这样做一般会有两种结果：一方面会压抑孩子的天赋禀性，埋没孩子的特点优势；另一方面也容易导致孩子身心受害，迷失自我。教育者必须认识到"发生在这个孩子身上的事，不能假定发生在另外一个孩子身上也会有同样的结果"。世界犹如花园，美在百花齐放；生命犹如花朵，美在各美其美。教育者要做的就是对每个孩子的欣赏和嘉许，教育者的责任就是让每个孩子都看见自己的天赋，懂得自己、欣赏自己、喜欢自己，然后真正做自己，做好自己，做最好的自己。

坚持"孩子立场"并不意味着认为孩子总是对的，不分青红皂白地袒护孩子，也不是娇惯和放任孩子，更不是所谓的"唯儿童中心主义"，而是站在孩子发展的角度去看见、认识、理解、感受、尊重孩子，从而更好地引导和帮助孩子。

● 为什么要坚持"孩子立场"

在现实的教育生活中，很多父母、教师一味地站在"道理的立场、规则的立场、知识的立场、成才的立场"等，认为孩子就应该服从和服务于这些重要的价值和立场，这也是无可厚非的，但是教育者必须清晰而自觉地意识到：如果我们的教育没有孩子的自主、自觉、自愿参与，成年人就只是打着"教育"的旗号自欺欺人。因为道理需要让孩子在社会实践中内化，规则需要让孩子在订立执行中认同。以下从孩子的角度，试着谈谈站在孩子立场的重要价值。

满足孩子的安全感和归属感。"站在孩子立场"的直接应然表现就是"和孩子站在一起"，尤其是当孩子遭遇挫折、失败等问题，或是出现困惑、委屈、受伤等负面情绪的时候，父母、教师能够在第一时间站在孩子的立场，理解和感受孩子的内在，这将极大地满足和增强孩子的安全感和归属感，这两点在人本主义心理学家马斯洛看来，是人的需要层次里极为基础的两种需要。孩子如果缺乏这两种基本需要的满足，将直接影响孩子的身心健康，不仅无法保证孩子的未来发展，更会引发孩子当下的诸多问题。

有学者研究发现，孩子一旦失去人们的关心和爱，其潜意识便会引导他将很多遭遇"辨识"为受到危险，从而启动内在生命的求生模式，于是变得焦虑、恐惧，并伴随孤独感、戒备感，出现心灵上的"无家可归"，这不仅影响孩子的正常人际交往和学习状态，还会让孩子出现过激反应和冲突行为，这样的孩子极易成为"问题孩子"。反之，不管孩子处于什么样的境遇，父母或者教师如果能够始终站在孩子的立场，看见孩子的初心和动机，和孩子一起承担责任，帮助孩子走出低谷，一以贯之地给予孩子关心和呵护，就能够提升孩子的人际信任水平，这种安全感和归属感的满足能让孩子的潜意识关闭"求生"模式，开启"生活"模式，孩子的利他、合作、主动等各种亲社会行为就会自然而顺利地展现，由此产生的积极情绪体验能够帮助孩子进入良好的学习状态，取得理想的学习效果。

提升孩子的自尊感和价值感。"站在孩子立场"的另一个重要的表现就是对孩子的认可和肯定，这两点对提升孩子的自尊水平和自我价值有着关键的作用。心理学家阿德勒认为，由于每一个孩子在幼年时期处于劣势，"自卑感在每个人的生命之初都或多或少地存在"。自卑感本身不是问题，因为自卑感可以转化为个人和社会进步的动力。问题在于，如果成年人对孩子过于苛责或要求过多，孩子会产生无能为力、孤立无助的感觉，这会固化、加剧孩子的自卑感，要么引发孩子寻求过度关注、自负、报复等"过度补偿"行为，要么导致孩子产生"我没能力""我没可能""我没资格"等自我否定的低自尊心理，甚至会出现破罐子破摔、不珍惜自己生命的极端行为。正是在这个意义上，阿德勒认为"嘲笑儿童简直是一种犯罪行为"。

当我们站在孩子立场去认可和肯定孩子的时候，就是帮助孩子在成长中摆脱自卑感和无助感，帮助孩子建立自尊、自信、自爱等自我价值。在生活中，自信的孩子，生命总是充满了希望，有着积极进取的精神，有着身心和谐的力量，在逆境中他们不屈不挠，在顺境中他们热爱并享受人生。一个自尊的孩子，才会懂得尊重他人，自然也能得到别人的尊重；一个自信的孩子，才会信任别人，自然也会得到更多的信任；一个自爱的孩子，才会学会爱别人，自然也能得到更多的爱。当深刻认识到建立起孩子的自尊和价值系统的重要性时，我们就会更自觉地认识到"站在孩子立场"的必要性，在任何时候都要坚定地和孩子站在一起，成为孩子相信和依靠的力量。

激发孩子的勇气和潜能。当我们能够站在孩子的立场，帮助孩子建设安全感、归属感、自尊感、价值感等有益于身心健康的"基础工程"时，就能激发出孩子向上超越的动力和活出自己的勇气。当孩子认为父母、教师在其背后鼓励和支持他的"冒险"，甚至愿意一起分担或承担风险时，孩子就会更加愿意尝试和参与挑战、突破，也更敢于离开自己的"舒适地带"，去尝试获得更多"赢"的体验，从而不断提升自己的价值感，拥有更大的勇气。这样的孩子更能发扬生命的个性、发挥生命的潜能，能够更加坚定自己的选择，勇于做最好的自己。

很多时候，孩子缺乏的不是能力，而是勇气。孩子的勇气是来自父母、教师给予的肯定基础上的自我接纳，包括对自我不足的接纳，这样的接纳将会极大地消除孩子前进道路上的担忧恐惧、自我否定。特别是当一个孩子在遇到挫折和困惑时，成年人如果能够及时地出现，并给予孩子积极的帮助，就会让孩子快速地从负面情绪中走出来，接受和面对现实，以更大的决心和勇气去实现自己的目标。和孩子站在一起，孩子才有可能和整个世界站在一起，父母和教师给予孩子的支持和肯定，将会成为孩子追求美好生活的强大动力。

● 怎样坚持"孩子立场"

"坚持孩子立场"对父母、教师是一个巨大的考验，因为人都习惯站在自己的立场看问题，往往把孩子视作达成自身目标的手段和自我超越的工具，而不是把孩子当作一个平等的人格主体来彼此成全。

坚持"孩子立场"，不能仅仅被看成一个用以提升教育效率的有效策略，更不能仅仅理解为一个管教孩子的有效方法。站在孩子的立场，从某种意义上说，是一场关于教育的"认识革命""思想解放"。家庭要从"子女必须顺从长辈、听命父母"等"权威、等级"甚至"专制"的旧有观念中挣脱出来，营造以"平等、尊重、肯定"等为价值观的新家风；学校要从"应试本位、知识本位、分数本位"等固有思维中解放出来，从冷冰冰的分数转移到活生生的生命。唯有如此，我们才能真正做到知行合一，站在孩子的立场。以下分享一些主要的原则和策略：

理解孩子的情绪。站在孩子立场，就是和孩子的内在世界发生联结。情绪是每个人的内心感受经由身体表达出来的样态，理解和认同孩子的情绪是和孩子站在一起的最为简单有效的方式之一。一个不能接受和理解孩子情绪的教育者无法真正地获得孩子的信任，因此也就失去了和孩子站在一起的机会，难以和孩子建立起有效的交流与沟通。特别是在孩子出现负面情绪时，教育者不能对其情绪视而不见，甚至加以斥责否定，简单粗暴地制止，而是应该自然地接受孩子的情绪，和孩子一起梳理情绪背后的问题，积极地挖掘负面情绪的正面价值。理解孩子的情绪，要求教育者管理好自己的情绪，这对教育者而言是巨大的挑战，要求教育者克服自身自动化的"情绪化反应"，自觉地迁善自己的情绪选择，对教育者来说，就是一次次的自我成长过程。

相信孩子的动机。站在孩子的立场，需要能够看见孩子的内在动机。心理学家弗洛伊德指出，一个人做一件事，不是为了得到一些乐趣，便是为了避开一些痛苦。教育者应自觉地"看见"并"发掘"孩子的正面动机，尤其是面对"问题孩子"或者犯了错误的孩子，如果教育者能够和这些孩子的正面动机站在一起，就能做到和孩子的"真我"在一起，孩子就更有可能打开自己的心扉，看见自己的模式和不足。这是因为动机是孩子的内在需要和目标，教育者承认并肯定孩子的动机，就能获得孩子潜意识层面的信任。同时，接受孩子的动机，并不代表接受孩子的行为，教育者在肯定"问题孩子"正面动机的同时，要说明否定其行为的原因。在此基础上，教育者和孩子一起探索更好的做法，把这当作双方的共同目标，彼此便会建立起良好的沟通和关系，从而更有效地帮助孩子作出改变。

看见孩子的努力。站在孩子的立场，要善于关注和肯定孩子的努力。教育者要坚持这样一个教育信仰，即每一个生命都是一股"向上、向善、向美"的力量，每个孩子身上都有无限的发展动力和可能，即使是那些所谓的"问题孩子"，教育者也应该清晰地看到"不努力"背后的真相——孩子的努力没有被看见，或努力受到了外在的伤害、阻碍。如果教育者长期忽视或否定孩子的努力，便很有可能造成孩子的自我放弃。以笔者接触过的一位曾患有抑郁症的学生为例，他长期与内在的心理问题作斗争所付出的努力，在他身边的人看来只是"矫情""颓废""不负责任"等，这些评价一度让他有轻生的念头。教育者要防止出现把孩子心理问题"道德化"的倾向，对孩子在乎的核心价值——道德人格的否定，极易成为压垮孩子的最后一根稻草。当下愈加激烈的竞争环境，让很多孩子都承受着各种压力，没有人真正想要"躺平"，除非找不到努力的意义。教育者和孩子站在一起，就是要看见和肯定孩子的努力，给他们的努力赋予意义、希望。

感恩孩子的存在。站在孩子的立场，要发自内心地感恩孩子。孩子是我们生命的延续，是国家的希望，是社会的未来，关注孩子就是关注我们人类的命运。但是正如教育家蒙台梭利指出的那样，"所有人都关注儿童的未来，但是恰恰没有人关心儿童的现在"。我们总希望孩子能够学会感恩，却很少有人真正去感恩孩子，很少有人真正向孩子学习，学习他们的纯真善良、简单快乐、活泼好动、好奇有趣等，在内心深处看见孩子对我们的重要意义。每一个教育者都需要反思，我们能给孩子带来什么，而不是期待孩子给我们什么回报，思考如何更好地为孩子付出而不是更多地向孩子索取。这样才能让教育者摆脱功利心态，关注孩子的长远发展而不是"一时之需"。正如习近平总书记提出的"绿水青山就是金山银山"的理念，教育者要认识到孩子的身心健康就是成人成才，和孩子站在一起，就是要带着感恩的心重新审视和发现孩子。

敬畏孩子的生命。站在孩子的立场，需要敬畏生命，敬畏孩子。生命是大自然最为神奇的创造，孩子就是大自然的产物，正如恩格斯所言，"我们不要过分陶醉于人类对于自然界的每一次胜利。对于每一次这样的胜利，自然界都会对我们进行报复。"当我们的教育以"爱"的名义把孩子作为"征服"的对象，"肆无忌惮"地通过言语甚至体罚等对孩子的身心施加伤害时，孩子会以各种逆反、对抗，甚至以伤人或伤己等极端方式来报复成人世界的"控制"。美国心理学与脑研究专家盖瑞·马库斯在其著作《怪诞脑科学》中提到，我们人类大脑的进化并不完美，我们的认知存在种种失灵和缺陷的可能。和孩子站在一起，就要自觉地和孩子的问题、"非理性"站在一起，教育者要允许孩子出错，理解孩子的不足，接受孩子的失败。敬畏孩子的生命，就要自觉地认识到生命因独特而弥足珍贵，每一个生命都是不可替代的、不可逆的存在，在任何时候，都应该给孩子空间、对孩子信任、还孩子自由，这当然不是娇纵与放任，而是站在孩子的立场和孩子一起成长。

当下社会热议的教育"内卷"问题，很大的原因在于教育的错误站位，成年人占据了"剧场"，把孩子抛在一边，造成了"无人的教育"，这是一个所有教育共同体成员"共输"的选择，这样的代价是我们无法承受的，也是不可持续的。和孩子站在一起，必须让生命回归教育的主场，让孩子站在舞台的中央，这是包括父母、教师在内的每个教育工作者的使命，让我们和孩子携起手来，一起走在成长的路上。

（作者单位：苏州市职业大学思政部）

做家长需要学点"教育学"

——倾听一位抽动症孩子家长的心声

朱英杰

> 做父母也一样要不断学习，实现从"要求者"到"倾听者"的转变。"我们要关注孩子的情绪，思考他到底想要表达什么。了解了孩子的情绪后，才能慢慢走进孩子的心里，与他们建立有效的沟通渠道。"

在一场脑科学家长座谈会上，我们初识了晓林爸爸，台上几位家长的分享中，提到孩子的成长他多次哽咽。在他的分享中，在场的大部分听众接触到了一个新名词——抽动症。原来晓林小时候，就曾被确诊过抽动症。面对这个并不被大众所熟知的心理健康症状，晓林爸爸和妈妈焦虑过、懊悔过。而今，在他们持续对科学教养方式的学习和探索下，孩子得以在轻松愉快的环境中全面发展、茁壮成长。据爸爸介绍，晓林在小学毕业时，还获得了"北京市三好学生"的荣誉称号。

晓林一家到底有着怎样的经历？成为一名能够帮助孩子健康成长的家长，还有哪些功课需要做？我们对晓林爸爸进行了专访。

一

"孩子五岁生日的前一天晚上，我们一家正布置环境准备为儿子祝贺生日，突然儿子从后面勒住妈妈的脖子，使劲勒着不放。"回忆起初次发现孩子的异常表现时，晓林爸爸仍然有些激动，"当时我感到十分惊讶和生气"。

然而批评并没有换来理想的教育效果，更让晓林爸爸感到崩溃的是，他逐渐发现，孩子的问题正在愈演愈烈。"在那之后我们就发现孩子有很多不对劲的表现。有一次我们去围棋班接孩子，发现他在课堂上坐立不安，老师在讲课，他发出怪叫声。甚至在前面同学起立回答问题的时候，他会把同学的椅子撤掉，看同学摔倒，他却没有愧疚的感觉。就连平时在写作业的时候，也不自觉地有敲打桌子等一系列怪异的表现。"在长时间的观察下，晓林一家还发现孩子在不同阶段还有着不同的症状表现，如眨眼睛、吸鼻子、嘟嘴、怪叫、甩手、惊悚等。

回想起那段经历，晓林爸爸仍然清晰地记得自己和爱人的迷茫与痛苦。"我们完全不理解孩子怎么会变成这样。"带着困惑，晓林一家准备前往儿童医院进行检查。"在排队的时候我们遇到一个跟我们孩子小时候症状一样的孩子，已经 16 岁了，连手机都拿不稳，一边甩头、蹬脚、甩手，一边还得看着手机。"在沟通中，晓林一家了解到，这个孩子是在五六岁时被确诊的。为了治疗，他的爷爷和爸爸花了十年时间在全国各地寻访名医，但仍然没有找到好的治疗方法，情况还越来越严重，当时还处于辍学状态，无法正常完成学业。"当时我们的孩子五岁多，一听到患者家属说孩子小时候跟我们孩子症状几乎一样，又想到以后可能要面临他们一家所面临的情况时，我和爱人都吓得够呛。"

采访进行到这里，晓林爸爸再次情绪难以自抑："我的妻子当时就崩溃了。原来我们错怪了儿子，儿子身上出现的是一种需要我们关注、帮助的疾病。"

二

究竟是什么原因让孩子突然出现了抽动症？一时间，这对夫妻陷入了迷茫。

他们开始回忆起孩子曾经的成长故事，"小时候他走路、识字、表达和同龄孩子相比都又快又好。他以前在棋院下围棋，回来消化了老师讲的东西之后，还会出题给我们做，直接在棋盘上摆出来变着花样来考我们。钢琴课上，通常老师一节课都只教一首曲子，但晓林一节课总能很轻松地学会两首曲子……"晓林爸爸幸福地回忆。

聪明可爱的晓林曾让一家人的生活充满了希望，慢慢地，父母也开始对他有了更高的期待，"我们察觉到孩子有很多异于常人的地方，觉得一定要好好培养孩子，便给予了孩子很高的期望，为此也做了很多努力，让孩子有机会接受一些大脑认知上的训练"。

"也许是拔苗助长了，过早地干预了孩子大脑的正常发育。"晓林爸爸有些懊悔。"有时候，我们会对孩子提出一些要求，比如出门穿鞋时，我们会掐着秒数，10 秒背上书包，20 秒穿上鞋。"

这一切对于性格有些内向、敏感的晓林来说，也许逐渐成了内心深处的压力，"慢慢地孩子情绪开始暴躁"。"后来我们了解到，这种情况是因为情绪长时间没有得到疏解，持续处于压抑的状态导致的。"通过查阅资料了解了各种科学教育理念和方法的晓林爸爸在采访中感慨着。

三

"在这种情况下，后悔也没有用，我们能做的就是找到适合的教育方法来帮助孩子康复。"

"最开始，看到孩子的各种表现，就恨不得去踢孩子，太着急了。"晓林爸爸坦言，自己从最初的完全排斥再到去理解和接纳，用了大概四五年的时间。

几年时光中，晓林爸爸经历了容忍、接受再到引导的转变。这一路，他也不停地在调整着自己对教育的认知。"我们用尽各种办法，如停了围棋课、停了钢琴课、接受感觉统合训练、亲近大自然等，生活中少了条条框框，也少了无端的催促……经历了很久的迷茫后，我们又开始查阅资料，了解帮助孩子成长的'正确方向'。"作为一名有着师范大学学习经历的父亲，他坚信科学的教育方式一定可以解决孩子成长面临的困境，但面临孩子的成长他不敢有一丝一毫的停歇，如饥似渴地补充着哲学、心理学、教育学等各种可能对孩子成长有帮助的知识。

然而小群体规模的病症，也曾让晓林爸爸多次犯难。"因为对病症本身缺少明确的治疗途径和方法，最初，我们只能依靠其他相同情况的家长所分享的经验，在对他们提供的经验进行摸索、消化的基础上，使其变成自己可以理解的、对孩子有用的教育方法。"回忆那段时间，晓林爸爸强调说："这个过程是漫长且痛苦的。"

功夫不负有心人，通过持续地学习，晓林爸爸掌握了更多引领孩子成长的新方法，也认识到若想解决孩子的问题，关键是要转变自己的教育理念与方法。"去尝试做我们自己的工作，而不是孩子的工作。很多家长总是会习惯性地要求孩子，却看不见孩子的诉求。"

慢慢地，晓林爸爸认识到原来做父母也一样要不断学习，他自己也实现了从"要求者"到"倾听者"的转变。"我们要关注孩子的情绪，思考他到底想要表达什么。了解了孩子的情绪后，才能慢慢走进孩子的心里，与他们建立有效的沟通渠道。"

四

随着教育观念的转变，晓林爸爸与孩子越走越近，他越发能理解孩子的各种表现了。"后来我总结，面对孩子的情况要做好四个方面的工作，第一是接纳，第二是包容，第三是充分地认识孩子，第四就是专业性的指导。"

晓林一家因为担心孩子在病症的影响下会变得内向自卑，便开始尝试带孩子进行各种活动探索。一次偶然的机会，晓林一家开启了一场公益之旅，并一直坚持到现在，帮助了如自己一样的若干个家庭和孩子的成长。

在一次晓林自发组织的捡拾垃圾的活动后，晓林爸爸看到孩子脸上洋溢着从未有过的喜悦感和成就感。"那是我从来没有看到过的！""孩子从小就很有爱心，我们也想让孩子能在实践中有更多收获和价值感。"一切果然如晓林爸爸所期待的，随着参与公益活动的次数不断增加，晓林也从一名参与者，逐步发展为组织者，从小实践者变为小主持人，一次次的探索带给了这个家庭一个又一个新的惊喜。现在晓林一家最初参与创设的公益组织已经有上千个亲子家庭加入。"在活动中，我们也看到一些家长在教育子女的过程中，存在过于焦急、过于想把自己的要求传递给孩子的现象。""在公益活动中，一方面我们尽可能地让更多的孩子能够热心公益，在社会服务中体会价值；另一方面我们也常常围绕不同的教养理念开展交流学习，以帮助越来越多的家庭实施科学教养。"在谈到创办这个公益组织的初心时，晓林爸爸介绍说，"虽然现在组织的各项活动需要消耗我们很多时间、精力、金钱，但我们还是要坚持做下去，为了帮助更多的孩子、更多的家庭。"

（作者单位：人民政协报教育周刊编辑部）

尊重儿童，要"走近"更要"走进"

卢 锋

如果说走近儿童是父母的自然行为，是与生俱来的本能，那么走进儿童则是做好父母的必需，是需要不断学习方能提高的本领。走进不是干涉，更不是控制，走进是理解，是懂得，走进是真正的尊重，走进才能更好地给予孩子引导和帮助。

走进儿童，意味着父母开始承认孩子的独立身份，看见孩子的内在世界，敬畏孩子的生命存在等等，意味着父母自觉地从养者走向育者。走进儿童的关键在于父母开始意识到，教育光有爱是不够的，还需要爱的方法和艺术，需要把成长的责任从孩子转移到自身。分享以下一些观点和做法与家长朋友们共勉：

● 走进儿童，要承认孩子的独立身份

在亲子关系中，父母应明确一个基本的常识——从儿童开始，人便有了独立的知、情、意、行，有了独立的人格特质，也应享受作为儿童的各项权利。尽管儿童的心智模式尚未"成熟"，但这就是儿童之为儿童的生活方式和权利，是不容侵犯和剥夺的。我们既要看到儿童是未来的主人，更要看到儿童是当下的个人，正如苏霍姆林斯基所言，"童年是人生最重要的时期，它不是对未来生活的准备时期。童年是真正的、灿烂的、独特的，不可缺失的、不可重现的一种生活"。承认童年，承认儿童，把童年还给儿童，才能真正地给未来带来希望。如果父母不承认孩子的独立身份，不把儿童看作平等的人，就难以真正倾听、了解孩子，所谓的尊重儿童就可能沦为空谈。

● 走进儿童，要看见孩子的内在世界

儿童的独立性主要体现在儿童有自己的一套认知系统，他们有自己在乎的价值观念，有自己喜欢的做事方法，有自己独特的情绪情感。一句话，儿童和我们有着不同的内在世界。走进儿童就必须承认、看见孩子的内在世界，"承认"是前提，"看见"是能力。"承认"孩子的内在世界就是认可孩子自有他自己的小心思、小文化、小情绪等，就是理解孩子的每个行为背后，都有其必然的"逻辑""道理"。如果父母能自觉地站在孩子的世界去看待孩子的言行，看见的就是可爱的、特别的，需要助力的孩

子；如果父母一味地站在成年人的"原则""立场"去评判孩子的言行，看见的往往是心烦的、恼怒的、无望的"问题孩子"。

看见孩子的内在世界，首要的就是父母的"站位问题"，就是要站在孩子的立场，接受他们的动机，理解他们的认知。当父母认可和接受孩子的内在文化，孩子就能感受到父母的接纳和肯定，当然也就更愿意去接受父母的"道理"，接受父母的监督、引导和帮助。当父母懂得在孩子行为的源头——孩子的认知系统上施加影响，家庭教育才会有"四两拨千斤"的效果。

● 走进儿童，要敬畏孩子的生命存在

生命是自然的奇迹，儿童的生命更是如此。敬畏生命，必须从敬畏儿童开始，走进儿童，也要从敬畏孩子的生命存在开始。

当我们以敬畏的心态走进儿童，走进是有边界的。我们既要遵循孩子的发展规律，也要欣赏孩子的天真烂漫，更要宽容孩子的"莫名其妙"。

孩子的内心世界，需要我们俯下倾听；孩子的纯洁品质，需要我们用心呵护；孩子的"无理取闹"，需要我们耐心宽容；孩子的点滴进步，需要我们倍加鼓励。以敬畏之心，做尊重之行。只有敬畏孩子的生命存在，我们才能真正做到无限相信孩子的潜能，引导和帮助每个孩子成为最好的自己。

走进不是干涉，更不是控制，走进是理解，是懂得，走进是真正的尊重，走进也才能更好地引导和帮助孩子。在走近基础上的走进，是亲子关

系从情感关爱走向理性交往的过程，是智慧父母不断成长的过程；在走进基础上的走近，是恰到好处的陪伴和教育，是构建幸福完整亲子关系的有效途径。

（作者单位：苏州市职业大学）

逢着一个丁香一样美好的姑娘

贺 潇

我们和孩子，本是两个生命之间的一场邂逅。在日常生活点滴中，作为父母的我们应思考如何"以生命影响生命、用智慧点燃智慧"。我们面前的小小孩子，其实有尊严、有人格、有想法。面对他们成长中各种各样的问题，不了解不可简单处置。

女儿已经二十出头的年龄了。晨起对话，看到正在读大学的她对科研纯粹的痴迷，我心疼而又欣赏，特别用这样的文字做了标题写下今天我眼中的她，"逢着一个丁香一样美好的姑娘"。我之所以用"逢"这个字，是想表达我的心境和认识：我们和孩子，本是两个生命之间的一场邂逅。我也常对女儿说，其实，我对她的欣赏和爱，不以"她是我的女儿"为前提，"你是我的女儿，只是让我们更早些相逢罢了"，我常常这样对她说。

从几则家庭日记中回忆一路走来和女儿之间互动的点滴，我发现，学习教育专业并长期浸染在教育学专业圈中的自己，在女儿的少年时期，也曾有着和很多家长一样的焦虑甚至焦躁。有些可取之处是，我曾经用心去倾听，所以对孩子的想法也更敏感。日记中记录了这样几个小故事，今天看来，一幕幕依然清晰浮现。

● 家长会是开给家长的

2006 年冬接近期末的一天，我被通知去参加小学二年级的女儿的家长会。一件出乎我意料的事情是，女儿所在小学的领导在家长会上向全体家长宣布，学校特别采用了我的一句话作为该校的办学理念——"以生命影响生命、用智慧点燃智慧"。我颇为自得，这个学校办学 50 年了，竟用我的两句话作为办学理念。而之后不久，由女儿班主任主持的家长会开始了。几位小朋友的名字不断地被提起，俨然是班里的小明星。而我的女儿，老师从前到后就提了一次。而且从她留在教室座位上的作业本看，她的成绩不理想。

会后，全体家长涌向那两位总被老师提到的小朋友的妈妈。

我的心里颇为不平静，一直致力于和教育界同人以点滴之力推动教育发展，忙忙叨叨办沙龙、开论坛的我，颇为自责，感觉自己"种了别人的田，荒了自己的地"。

回到家，女儿正悠然地看着电视，并没有询问、关切这次家长会的内容。

"妞，你关心今天下午的家长会吗？"

"不关心，家长会是老师给家长开的，目的是让家长了解孩子在学校的情况，以帮助孩子成长。我对自己在老师心中的位置是优、良还是差已经很清楚，我为什么还要关心？"

天哪，这个七岁半的小丫头说得我一时语塞并且羞愧——学教育学专业的我怎么这么没有出息！连家长会的功能都没有搞清楚，确实，学校家长会的真谛是要家长了解孩子，进而帮助孩子成长啊！在日常生活点滴中，作为父母的我们如何"以生命影响生命、用智慧点燃智慧"，女儿的提醒让我陷入反思。

● "都考完了，干吗还要补错字"

总以为小学那点事儿没有什么，但不经意间，上了四年级的女儿的错字量居然成了问题，以至于我被老师特别约谈。于是我特别介入关注。在一次考试后，我要求女儿纠正错字。女儿很惊讶，我于是讲了亡羊补牢的故事给她。

"啊？妈妈，原来是这样，我一直还纳闷呢，已经考过了，分数也改变不了了，干吗你还让我改错字？""上次考完试，一个同学问我怎么不住宿了，我说妈妈要给我补课。她也说，都考完了，还补它干啥？我于是以为大家的想法都和我一样呢。所以就觉得是妈妈有毛病，都考完了还让补错字，原来我根本就没有理解妈妈！"

"原来是这个道理，是我没有理解妈妈。"之后女儿一直重复着，看来，这次对话让她印象深刻。

而我更惊讶。女儿不及时纠错原来背后有一套自己的小文化。

这件事给我一个启发：这个宝贝啊，已经有自己的一套认知。要想她改变，必须潜移默化地影响其脑瓜深处的文化。

● "我喜欢《城南旧事》中英子的世界"

大而亮的眼睛，额头没有刘海，脑后梳着一个短短的马尾，套着粉红色的头绳，看起来端庄、雅致。女儿坐在我对面，将自己的种种感受娓娓道来。六年级的她自己坐车上下学，而且在不知不觉中换了发型，成了今天的小淑女模样。

今天是女儿班里的阅读会，我作为她们班家委会成员被邀请参加。后来女儿告诉我，当我突然出现在她班里的时候，她很惊讶。一则惊喜，二则担心，怕在妈妈面前表现不好。事实上，在我的眼里，她的表现确实不够好。很多同学认真地做了幻灯片，查阅了很多资料，积极争取登台分享，而她则一直静默地坐在那里，我为她在课堂上的"游离"很有些着急。为让自己安静，也为了解孩子真实的想法，我特意带她到了院里的一间咖啡厅。

"宝贝儿，同学们都在跟老师互动，你在琢磨什么呢，为什么不上台分享呢？"

"我不喜欢。我嫌太吵了。"

"那你喜欢什么？"

"我喜欢《城南旧事》中英子的世界。""我喜欢一个人待着，静静地。"

我一怔。她有她的想法啊！

酷爱读书的孩子娓娓诉说着自己对一些问题的思考，幼小心灵的美好打动了我，更让我心存敬畏。

女儿四年级的一次家长会上，一位小学老师给家长们分享了儿时父亲如何让她体验"敬畏"的故事。大概是这样的：在自家居住的一所大宅院里，有一间屋子常年被锁着，当时这位老师充满好奇，想窥探个究竟，而父亲始终不肯打开这个门。这位老师说自己由此体验了"敬畏"。"总有一些东西是我们想知而未知的，无论你是否承认，它都客观地存在着。"老师举这个例子是想向家长说明，孩子的世界是一个客观的存在，我们要承认、敬畏进而尊重，在此基础上方谈得上教育的发生。这个故事给当时听讲的我留下了深刻的印象。

重温 10 多年前记下的几则孩子在不同成长阶段的家庭日记中的片段，我更加深刻地意识到，我们面前的小小孩子，其实有尊严、有人格、有想法。面对他们成长中各种各样的问题，不了解不可简单处置。

我曾经在日记中写道："影响这样一个小生命的过程是一件非常快乐的事情。我对女儿拥有十足的耐心和欣赏的心情。"多年之后的今天回首，感叹时光匆匆，也庆幸当年能够和女儿进行这样的对话。小小孩子能够准确地表达自己的想法，而作为母亲的我也一直能够积极调适甚至反思，和孩子一起成长。今天的女儿已然是一个有热望、肯努力的青年，她在主导自己的生命旅程了。谈读书、谈科研、谈生活，今天的母女更是知音。我在继续为她鼓劲，也随时准备迎接她的停靠。

（作者系教育传播者与研究者）

主题
三

将假期生活
还给孩子

假期为孩子提供了拓宽视野、放松身心的绝佳机会。旅行、阅读、陪伴……我们欣然发现，随着"双减"政策的推进，不少家长已经转变育儿观，将孩子假期的足迹从一个又一个的培训班转到真实而富有情趣的生活场域，还给了孩子一个假期生活应有的样子。

创造机会让孩子亲近生活

张惠娟

儿童是自然之子。但生活在城市的孩子，貌似生活离自然越来越远。给孩子一次完全的带着泥土的真切体验，让他们从一粥一饭中体验劳动的乐趣……最好的教育，永远在生活中。

暑假期间，为了让孩子有近距离接触自然的机会，我们利用休年假之机，带着孩子回到河北老家。为了让孩子在这趟"自然教育"之旅中有更多的获得感，我们提前进行了"备课"，于是，便有了这堂带有浓浓生活味道的暑期亲子课堂。

● 亲近自然，让孩子萌生一颗"草木心"

说实在的，生活在城市里的孩子对老家没有太多的印象。

先生兄弟三个人毕业后都留在了城市。后来，老人也跟随儿子们来到城市生活，老家没有了田地，亲戚朋友之间的走动也为微信群里的问候所代替。所以，在快节奏的北京，谈起老家的话题，话语越来越少，情感越来越淡。

今年年初，和我们一起生活的爷爷有点坐不住了，他一心想着能回到老家的田地里，种点花生、玉米，带给孩子们吃。于是，不顾家人的劝阻，他们春天回到了老家，将长满荒草的院子打扫干净，将门前一块田地精心照顾，种下了玉米、花生等农作物，还栽培了茄子、西红柿、豆角等蔬菜。对于这些植物生灵，老人像照顾自己的孩子一般，每天要侍弄一番。于是，他每天早上迎着朝阳晨露，傍晚伴着晚霞而归。爷爷说，和土地打交道，内心有一种莫名的踏实感和亲切感。

暑假里的这几天，爷爷邀请两个孙子去参观、体验他的田地，孩子们也深深地喜欢上了。当下，正是玉米授粉、豆角花和金银花盛开的时候，有了一定生物知识的哥哥一股脑儿钻进了田地里，观察雄蕊雌蕊、花粉花药，开启了生动的生物课堂。弟弟则站在比他还高的茄子树下，好奇地摸着头一样大小的茄子，后来索性趴在泥土地上，看起了蚂蚁搬家……盛夏的田野里，很闷热，还有蚊虫的叮咬，但孩子们貌似陶醉其中，乐此不疲。

泥土带给人什么样的体验？为什么农民的生活虽然简单，但内心却充实幸福？因为，在和土地打交道的过程中，会得知"春种秋收"的自然因果关系，会明白"老天爷不会掉馅饼，人懒地就荒"的道理。所以，他们不会抱怨，也不攀比，更不会抑郁。"心情不爽了，去地里大干一场，出出汗，看看成长中的庄稼，心情马上就会好起来……"这是爷爷的原话。

是呀，近距离地接触泥土，让孩子内心变得细腻丰盈，带着淡淡的"草木味"。行走在田野间，他们将牵牛花、狗尾巴草等野花野草带回家，插在瓶子中，这难道不是最好的艺术课堂？孩子们亲手将玉米掰下来，将花生拔出来带回家，让一家人品尝他们的劳动成果，这难道不是最真实的劳动教育？别忘了，生活是最好的教育，"自然之子"需在真实的自然环境中成长。

● "三无"生活带来的教育思考

没有网络、没有游戏，乃至没有作业的日子是什么样？这次回乡，我想让孩子体验一下。作为信息时代的原住民，没有孩子是不喜欢游戏的。适当地接触电子游戏，并非坏事，但孩子若沉迷游戏，时间被游戏掌控时，那游戏就成为"精神鸦片"了。别说孩子，成年人若一天没有微信、没有网络，都很难接受。所以，如何教会孩子管理自己的时间，如何让暑假生活变得丰富有意义，就显得很重要。

所以，这次回家，我们策划了一场"三无"体验之旅。回家前，我们提前和爷爷奶奶沟通，将老家的电视信号切断、将网络中断，自然也没让孩子带任何作业。而他所带的唯一"电器"就是一架无人机，孩子说他想航拍农村的田野，还要剪辑一个视频，于是我们应允。

　　爷爷耕耘的菜园就在家门口，孩子们早上起来，推门而出，沿着田地散步，观察昆虫植物；上午带着无人机去航拍不同的人文自然风景；午间休息，和家人聊天；傍晚不太热时，他们跟着爷爷去田野里劳动、采摘蔬菜。祖孙一起还播种下了白萝卜、大白菜等种子，等待秋天的收获……我们也尽量不看手机，尽量多些时间和老人们拉拉家常、聊聊天，跟着孩子去田野里观察体验。三天下来，我们发现没有手机、没有游戏的日子，其实孩子的生活过得很充实和谐：身上的泥土多了，玩手机时间少了；白天运动量大了，夜晚睡得更香了；焦虑心态少了，亲子关系和谐了……

　　回到北京，孩子和爷爷通话，首先惦记的就是他种的白菜出芽了没有。因为，这是他亲手播下的种子。我也在想，有些孩子之所以网络成瘾，是因为他们的生活中除了作业和培训班，没有让他觉得有意思、有价值的体验。所以，除了学习课本知识，多给孩子安排一些有意义的事情，毕竟真实的情感体验更能让孩子成长为人格更为完全的人。

● 感受"摸得着"的家族文化

　　人必有家，家必有训。家风家训是先辈留给后人做人处世、持家治业的智慧结晶。良好的家风家训，是最好的家族文化。但高度集中的城市化生活打破了过去聚族而居的格局，在一定程度上也让家风家训的影响逐渐淡化。

　　"爷爷，咱家里有带有历史感的老物件吗？"一次茶余饭后，在儿子好奇心的带动下，爷爷从抽屉里拿出一个黑色的小木匣子，"这个呀，是咱们老郭家祖辈传下来的宝贝。"爷爷这句话，让儿子瞪大了好奇的眼睛。我心里一乐，一堂"励志"大讲堂就要真实开讲啦！

木匣子打开了，一张张叠在一起的、发黄的宣纸出现在眼前。

"是古字画？"儿子兴奋地打开一张，一排排隽秀的小楷字映入眼帘，落款处还有印章。原来是郭家祖上的房产契约书。

儿子数了数，这个匣子里一共放了30余张房产买卖契约。有些已经破损，有些还十分完整，字迹清晰可辨。

"这些发黄的契约仿佛一扇时间之窗，记载了咱们郭家祖辈从明朝永乐年间到民国的房屋交易故事。让你爷爷给你讲讲你爷爷的爷爷的爷爷的故事吧……"爸爸的一句话，让儿子瞬间对家族历史产生了浓厚的兴趣。

"永乐二年，在一场历史大迁徙中，咱们的祖宗从山西平阳府来到了河北，之后，便在这个地方购田置地，繁衍生息。咱们郭家人勤劳俭朴，经过几代人的积累之后，家业逐渐繁盛壮大起来，成为当地有威望的大家族。但是，在清朝咸丰年间出了一位好吃嗜赌、不务正业的独生子。"爷爷指着一张契约，上面写着这样的文字："立卖人某某，今将宅院一所，房屋五间卖于赵富生名下，空口无凭，立字为证……"爷爷介绍说，因为赌博，这位先人在咸丰七年至九年连续三年将三所独门大宅院卖掉。之后，家中积蓄只出不进，家业开始走下坡路……

"创业难，守业更难，要把革命前辈打下的江山很好地接过去，不通过艰苦的工作是不行的。"我立刻援引了中国杰出的革命教育家徐特立的名言，来告诉儿子其中的道理。

"成由俭败由奢，古训不可忘啊！"爷爷再次重申，"还好，我的爷爷又开始勤奋踏实地工作，你大爷、你爸爸、你叔叔，他们都特别能吃苦勤奋，将家业置到了北京。你们更要传承他们的奋斗精神。"

这些发黄的契约，无疑是进行家族文化教育的好素材。平日里，家长们都喜欢对孩子讲什么"不能浪费呀""要勤奋呀"之类的大道理，但对孩子而言，没有体验的教育是不会有太深刻作用的。而这些"摸得着的历史"，这些带着温度的家族故事，会让孩子明白并记住些什么道理。

亲子做伴好还乡。最好的教育，永远在生活中，给孩子一次完全的带着泥土的真切体验，让他们在一草一木中萌生一颗"草木心"，从一粥一饭中体验劳动的乐趣，从老物件中感受家族的历史，从而对人生有一个深刻的思考，并因思考而拥有丰盈的内心。

（作者单位：人民政协报教育周刊编辑部）

把假期还给孩子很重要

卢　锋

　　把假期还给学生，就是把孩子从无休止的教育内卷中解放出来，就是把时间还给成长，把健康快乐还给每一个孩子，赋予他们生命幸福与完整的可能。这样的可能性可以在这些美好的事物中得以实现：旅行、阅读、闲暇、陪伴……

● 旅行，让身体去体验一个真实的世界

　　在孩子们当下的学习中，"知识、生活和生命"常常是割裂的。孩子们所获得的知识大部分都是抽象的、间接的、文本化的，在所谓的教育技术的进步下，他们的认知离真实的世界越来越远。让孩子走出课本，走进现实、走进自然，拥抱世界，才能让孩子实现"知识、生活和生命深

刻共鸣"。通过旅行，开阔视野、增长见闻、体验多元文化、增长生活技能……这些在当前的课本学习中难以满足，却对孩子的身心健康、学习兴趣、终身成长起着不可或缺的奠基作用。

在旅行中，孩子们日复一日的常态学习生活在新的环境中得到舒展，既是对"紧张学业压力"的放松，也是对"久在樊笼里"的释放，让孩子们遇见一个更加放松、自在、充满灵感的自己，一个更加完整和真实的自己，一个更加渴望和欣赏的自己。在旅行中，孩子们有更多的机会来重新审视和觉察自己，获得更多的成长和发展机会，正如马克·吐温所说："旅行是消除无知和仇恨的最好方法，旅行是固执、偏见和狭隘的最大杀手。"旅行有着"重塑自我、改造自我、发展自我"的潜在价值，也越来越成为当代人审视现实生活、寻求本真自我、增进自我认同、实现自我发展的重要途径。

● 阅读，让精神在经典对话中良好发育

"行万里路，读万卷书"，如果说旅行是身体在路上，是为了看自然的风景，那么读书就是灵魂在路上，是为了看精神的风景，两者缺一不可。著名学者周国平曾说："人是不能忍受无意义的一种动物，人一定要去寻找意义，而去寻找意义的过程就是有意义的，个人在寻找意义的过程中形成了自己的精神生活，有了精神生活，他的人生就有意义了。"当前，很多青年学生感觉人生无意义，很大程度上因为他们没有时间过一种精神生活，更加令人担忧的是，部分青少年受社会不良思想、文化的侵染，精神

世界存在着扭曲和堕落的危机。"人的内心不种鲜花，就会长满杂草"，充盈、丰富和净化孩子们的精神生活，是帮助孩子寻找人生意义，践行高尚人生价值的必由之路，也是当前孩子生命成长的当务之急。

和身体发育一样，精神成长也需要"食物"，那就是好书，那些伟大的著作。著名教育家苏霍姆林斯基曾说："一个真正的人应该在灵魂深处有一份精神宝藏，这就是他通宵达旦地读过一二百本书。"而这样的经典好书更多地需要我们"深阅读""非功利阅读"。这是需要时间的，假期有着相对完整充裕的时间，对于青年学生来说，无疑是一个通过阅读净化心灵、重塑品格、提升自我，同时也是养成阅读习惯、培养阅读兴趣、提升阅读能力的好时机。

● 闲暇，让孩子在自主中实现个性发展

当我们让假期真正成为假期，也就是把闲暇赋予了孩子。闲暇是指个人不受其他条件限制，完全根据自己的意愿去利用、支配的时间。在马克思看来，这样的自由时间正是个体全面发展的条件，是人类通往"自由王国"的必由之路。马克思指出："把必要劳动时间缩减到最低限度，那时，与此相适应，由于给所有的人腾出了自由时间，个人会在艺术、科学等方面得到充分发展。"在假期相对集中的闲暇时间里，孩子可以自由地选择热爱并感兴趣的活动，这样的全然体验是轻松的、自在的、惬意的、专注的，也是一个舒缓压力、松弛身心、发展兴趣、陶冶情操、激发灵感、自我教育的过程，对促进孩子的道德、审美、智慧、创新和个性等方面的成

长与发展有着不可估量的价值。

一个人怎样度过他的闲暇时间，决定了他的格局、高度和层次。爱因斯坦曾说："人的差异在于业余时间。"如何科学、合理、健康地分配闲暇时间，树立正确的闲暇价值观，培养和提升闲暇自主意识，对孩子的终身成长至关重要。美国学者纳什把闲暇活动分为六个层次：违法不道德活动，零价值活动，单纯寻求轻松、刺激、娱乐的活动，情感投入的活动，积极参与的活动，创造性的活动，可见不同的闲暇活动对孩子的身心健康发展有着不同的影响。努力创造条件为孩子提供积极闲暇的空间，营造清朗健康的成长环境，引导和帮助孩子在闲暇中自我规划、自我管理、自我评价、自我发展，让孩子在闲暇中成为更好的自己，是我们共同的责任。

● 陪伴，让孩子在情感联结中幸福成长

情感是人与人之间关系的纽带，是生命的基本需求，而亲情是孩子情感满足的源头。著名犯罪心理学家李玫瑾教授指出，孩子对养育人的依恋是情感最初的起点，当这种一对一的情感得到满足，他就对外界建立了信任，并在这基础上进而扩展到亲情、友情、爱情。她特别强调家庭"养育"这个概念，认为养育是建立孩子美好情感的过程，是塑造美好人性的过程。据一份 2018 年针对 6 个城市共 2324 名中学生的问卷调查发现，家庭"冲突型青少年网络成瘾倾向得分最高，依恋型青少年网络成瘾倾向得分最低"，专家认为良好的亲子依恋关系可以让青少年感觉自己是被接纳的，是网络成瘾的保护性因素。该调查还发现，即使青少年认为自己的观

点不被接受，但只要还可以获得父母关心，"青少年也会为了不让父母伤心而不会沉迷于网络"。专家指出，在对抗网络成瘾的过程中，父母的作用非常重要，要给予孩子更多的理解和关怀。

平日里很多父母工作繁忙，而孩子学业负担较多，亲子沟通较少，亲子关系得不到良好的维护，假期的到来是亲情补缺和维系的大好时机。陪伴是最长情的告白，是父母给孩子最好的礼物，因为孩子真正需要的是爱和归属感。与其竭尽全力为孩子创造丰裕的物质条件，还不如多抽出时间给孩子一些陪伴，多一些关爱。在上文提及的成长路径中，如果有父母的陪伴和参与，那将是家庭最美的幸福时光。和孩子一起去郊游或旅行，一起感受自然山水的魅力，体验各地的风土人情，能开阔孩子的眼界和心胸；如果不出门，那么放下手机，和孩子一起共读，做孩子最好的榜样；互相邀请参加彼此的闲暇活动，也是不错的选择，跑步、游泳、打球、烘焙、会友、唱歌、看电影、做志愿者……假期不仅仅是用来完成功课的，它也不仅仅关乎孩子，更是我们每个成人、每个家庭享受美好生活的重要时光。

（作者单位：苏州市职业大学）

从"培养"到"陪伴"

单春新

我深知，在孩子成长的过程中，有很多时刻是父母无法替代的，唯有站在她的身后，给予她最有力的支持，一切都需静待花开……

女儿喜欢旅行，几乎每个暑假，我们一家都会出去旅行，走遍祖国大好河山，感受祖国日新月异的发展变化。这个暑假，我带她去了位于京郊的古北水镇。

在这里，既有江南水乡的温婉，也有北方山峰的豪情万丈。古朴天香的小镇景色让我们陶醉——华灯初上时，小镇映在波光潋滟的水中，在盏盏红灯的点缀下，别有一番景色映入眼帘，让人享受其中。女儿更是诗意满满，一边欣赏美丽的风景，一边朗诵一首首唐诗宋词，让我惊诧不已又倍感欣慰，中华诗词是如此美妙，中国山水是如此瑰丽。

夜间，我们爬上长城去看闪烁的星空。站在全世界独一无二的长城上，我们感到特别骄傲——为祖国的强大而自豪。女儿给我们讲着各种冠名的星座及其特点，还有浩瀚宇宙的很多故事，我们还一起讨论了"祝融号"火星车和中国空间站。女儿说，如果有机会，她也想乘坐中国自己的宇宙飞船，到月球去看看，到火星去拍张照片。

科学家爱因斯坦说过："兴趣是最好的老师。"一个人一旦对某种事物有了浓厚的兴趣，就会主动去求知、去探索、去实践，并在其中产生愉快的情绪和体验。

这个暑假，除了在大自然中感受祖国的繁荣昌盛，女儿还对中国经典名著很是着迷。她尽情驰骋在四大名著、《儒林外史》《聊斋志异》等经典著作中。书中很多生动有趣的故事，蕴含着深厚的中华优秀传统文化知识，简直就像是一本本的百科全书，展示了在不同历史时期人们的思想、观念、文化。也正是在这些中华经典读物中，女儿的思想受到了熏陶。

这个暑假，女儿还对《哈利·波特》入了迷。假期还没结束，她已经刷了四遍《哈利·波特》的七部英文版电影，还时不时地冒出几句英文与我对话。

女儿就读于北京精诚实验小学，是英语教学特色学校，在这里，很多孩子都是英语"小达人"。借着女儿对《哈利·波特》的痴迷，我建议她精读英文原版书籍，女儿欣然应允，她认认真真精读英文版的《哈利·波特》，查生词、抄句子、朗读文章，每天晚上还看英文版电影，沉浸在属于她的哈利·波特魔法世界里……我在旁边欣赏她，看着她自言自语用电影桥段对白，听着她说着那些"英文咒语"，看着她因电影、小说中的情节而开怀大笑，我也开心。同时，我也时常与她沟通交流，引导她从小说、电影中学会正确识别人性的善与恶，启发她认知德行的力量。

　　暑假的每一天，我们一家三口都会抽出时间去户外散步，在温馨的亲子时光中讲述各自的当日见闻，并互相讨论。作为家长，我很享受这样的亲子时光，因为我深知，在孩子成长的过程中，有很多时刻是父母无法替代的，唯有站在她的身后，给予她最有力的支持，一切都需静待花开……看着女儿幸福快乐的样子，我就想，这个假期是多么有意义。

（作者单位：北京飞机维修工程有限公司）

主题
四

亲子关系建设，
学会交流学会爱

不是每个人天生都会当"好父母"。即便是做了大量的"功课"，也会在具体的育儿实践中遇到各种各样的问题和困惑。因为家庭中亲子关系是千姿百态的，这既不是由家长一方决定的，也不是由孩子一方塑造的。亲子关系是动态的，是在无数个细小的生活事件中互动、累积、形成并一直变化的，所以，亲子双方要在相互塑造、相互影响中，共同成长。

和谐亲子关系建设，冲突管控是关键

邓　尧　陶　沙

科学理解亲子冲突的影响及其调适，对于家庭和谐、学生健康成长尤为关键。

2020 年以来，新型冠状病毒的暴发给人们的生活带来了巨大的影响。对于有中小学生的数亿家庭来说，新冠疫情最突出的影响是家长居家工作和孩子居家学习，朝夕相处。疫情相伴的居家生活，家长和孩子相处时间大增，但亲子冲突也明显增多。进入后疫情时代，中小学生面临重新适应到校学习、再次改变一日生活常规的挑战，亲子关系面临新一轮的调整。科学理解亲子冲突的影响及其调适，对于家庭和谐、学生健康成长尤为关键。

● 亲子冲突频繁，中小学生心理健康受损

北京师范大学认知神经科学与学习国家重点实验室"儿童学校适应与脑发育"研究团队的近期调研显示，居家生活中，超过70%的小学生和接近60%的初中生因上网课和完成作业与家长产生冲突，进而对学生情绪、行为、学习等多方面产生了影响。初中生家庭因学业产生的亲子冲突比例比小学生略少，但其因学业冲突而导致的负面影响范围更广。高频率冲突家庭占比较高，约20%的初中生每周与父母冲突至少3次或更多。冲突日积月累，带来的影响难以忽视。

亲子冲突显著影响小学生的情绪、行为规范及注意力发展，频率越高，影响越严重。与亲子关系和谐无冲突情况相比，即使亲子冲突平均一周1次，小学生的学习表现也会受影响，主要表现为注意力不集中、做事不持久，出现注意困难的学生比例增加5%；亲子冲突平均每周1～2次，焦虑、紧张、躯体不适等情绪问题的比例增加超过8%；当亲子冲突达到一周3次以上成为高频冲突家庭时，小学生进一步出现行为问题增多的倾向，发脾气、粗暴、吵架、说谎、偷东西等比例增加30%，接近半数高频冲突家庭的小学生无法及时完成作业。

处于青春期的初中生更加敏感，亲子冲突负面影响辐射范围广。亲子冲突对初中生的影响不仅触及前述小学生中出现的注意、情绪、行为问题，还延伸到同伴交往问题及缺少亲社会行为。与无亲子冲突的家庭对比，每周与父母有1次冲突的初中生注意力困难比例大增，超过20%；在每周3次或更多次亲子冲突家庭中，初中生出现注意力困难、情绪问题、行为不良的比例较无冲突家庭分别增多近30%、13%、10%。此外，高频

冲突家庭初中学生在同伴交往方面存在困难的比例达到 20%，而这一问题在无冲突或冲突每周少于 1 次的初中生中并未出现。另外，缺少亲社会行为的初中生比例由无冲突家庭的 3.8% 增加至 25%。

● **冲突可能升级为体罚，严重危害学生学习和心理健康**

调查中 67.1% 的小学生家长及 59.2% 的初中生家长表示，发生冲突时曾对孩子进行体罚。体罚与小学生晚睡、过度使用电子产品进行娱乐有关，与初中生注意、情绪、行为问题有关；极端体罚和学生学习时长缩水有关。小学生家长中约 40% 报告曾对孩子采取"打屁股"的体罚。在有时和经常受到家长体罚的小学生中，90% 晚于 21：30 入睡，39.6% 使用电子产品娱乐超过 2 小时。初中生家长中约 30% 报告对孩子采取过"打屁股"的体罚，还有约 6% 的父母报告采取过"扇耳光"或是"用皮带、鞭子抽打孩子"等更极端的体罚行为。一旦有父母无论以何种形式对孩子进行体罚，初中生发脾气、说谎、注意力下降、情绪问题便增多。与从未受过父母体罚的初中生相比，即使父母偶尔体罚，初中生出现注意力及情绪问题的比例也分别增加超过 20% 和 15%；当父母经常体罚时，相比偶尔体罚进一步增加超过 4% 和 26%，同时还出现行为问题增加超过 9%。在父母采取过"扇耳光"等极端体罚方式的初中生中，接近 1/3 的孩子每天学习时间不足 3 小时，自觉学习比例下降 23.6%。

● 管控冲突，做支持孩子最优适应的长期主义者

无论疫情中或疫情后，父母在孩子成长路上都极为重要，和谐亲子关系建设是长期课题。疫情间的频繁互动和长时间相处给了父母重新审视亲子关系、发现问题的机会；从疫情居家到常规生活的转变可能带来亲子关系新的适应挑战。有人的地方就有冲突。在现实生活中，亲子冲突不可能完全避免。因此，建立亲子关系良性循环需要及时解决问题，把握有效的冲突管控方法至为关键。

有效管控冲突，首先在于家长调控自身情绪，调整与孩子在学习等问题上的控制型关系。虽然大众传媒常常报道家长辅导孩子作业"抓狂"的新闻，但我们的调研结果表明，家长每周的作业辅导其实有助于中小学生学习和心理行为适应。尤其对初中生而言，当父母每周进行3天及以上的作业辅导时，没有初中生表现出行为不良及情绪较差的情况；而辅导作业每周不足1次家庭的初中生超过10%存在行为不良、情绪较差问题。可见建立良好亲子关系的关键不在于回避作业辅导，而是有效管控冲突。为此，家长自己不要变成冲突的"发起者"和情绪化的"响应者"或"放大器"。父母陪伴孩子学习是建立深厚亲子合作关系的机遇。家长参与孩子学习时更多作为积极的支持者、耐心的同伴，引导孩子找到自己学习的节奏以及学习的方法。在孩子需要帮助的时候，家长及时并耐心地共同探索，给孩子更多鼓励、肯定，接纳孩子因学习面临困难产生的畏惧、回避、拖延。特别需要注意的是，家长在参与孩子的学习活动时，要避免从满足自己的期望出发，一旦出现自己期望落空的情况就愤怒指责、发泄负面情绪。

其次，与孩子共同探索正确的亲子冲突管控之道，合理满足孩子需

求、灵活调整孩子成长目标。亲子冲突一是反映孩子在争取得到自己的需求满足；二是反映家长预期目标与孩子表现之间存在差异，有时候孩子不能持续努力，或者努力了仍无法达到家长期望，"心有余而力不足"。随着孩子年龄的增长，自我意识逐渐发展，与家长在需求、目标上的不合之处逐渐增多。我们在调查中观察到，从亲子冲突的频率角度来看，初中阶段存在更多的高频率冲突。已有的科学研究结果显示，冲突刺激我们大脑中情绪脑区杏仁核的活动，而负责理智思考和调控的额叶脑区却受限。这是在冲突中人们倾向于宣泄情绪、难以冷静思考如何解决问题的生理基础。成人尚且很难在冲突中保持稳定情绪与理智行为，处于大脑发育中的中小学生就更难以做到了，故而需要家长引导孩子共同寻找冲突管控之道。对于亲子需求和期望不同引起的冲突，家长可平静、平等地询问孩子对冲突的看法，客观评估孩子自身需求与成长发展目标之间的矛盾点与共性，支持采纳孩子合理的需求，对不合理的需求给予建议或试错的机会。对于孩子由于能力和表现低于家长预期引起的冲突，家长可适当调整孩子的成长目标和自己的预期，坚持小步子、有限目标，脚踏实地步步向前是更好的选择。

最后，做支持孩子更优适应的长期主义者。冲突和管控冲突是人际关系的常态，在亲子关系中也不例外。有效管控亲子冲突，不仅有利于建设良好的亲子关系，更是为孩子将来与人相处做示范。管控冲突不是立刻消除或者处处回避冲突，而是寻找冲突背后需要解决的问题和恰当互动的策略，因此不可能一蹴而就。我们的调研显示，亲子在电子产品娱乐时间长短上存在不同意见。进一步的数据分析表明，矛盾产生的原因包括学生的学业压力、父母的惩罚式教养方式以及亲子缺乏对分歧的交流。而这些引起矛盾的问题多数难以在短期内改变，是长期积累的结果，需要通过长期的沟通、调整来缓解、改善。为此，家长要做支持孩子更优适应的长期主义者，关注孩子每天的努力和进步，给予孩子安全感和自由感，在平等沟通中落实培养孩子独立人格、良好的心理行为适应能力和解决冲突能力。

（作者邓尧系北京师范大学认知神经科学与学习国家重点实验室硕士；陶沙系北京师范大学发展心理学教授、博士生导师，中国心理学会常务理事，发展心理专业委员会主任）

成为"孩子"，才能更好与孩子沟通

李昕恩

生活中，父母与孩子难沟通的例子比比皆是，有的甚至到了"剑拔弩张"的地步。长此以往，必定会导致父母与孩子的关系疏远，孩子进而失去管教，这对于孩子的健康成长非常不利。每一个为孩子着想的新时代父母，必须重新审视亲子关系，努力与孩子好好说话。

孩子是"未开化"的小大人，他们的脑海里有无穷无尽的新奇想法，而且他们一定会先与父母分享这些想法，希望得到父母的支持或赞赏。这些想法往往是瑰丽而天马行空的，可能是与学习毫无关系的，也可能在父母眼中是"不切实际"的，甚至是"离经叛道"的，这时候绝对不能用大人的眼光看待问题，不能用大人的评判标准"一概抹杀"，而是尽可能地贴近他们的内心，试着成为一个"孩子"，去理解他们，从他们的角度思考问题，去分析他们这些想法产生的原因。如果确实是不好的，甚至是难以实现的，可以与孩子讲明；如果是灵光闪现的"奇思妙想"，可以对孩子加以赞赏，跟着孩子一起去实践，给予孩子最大的支持和鼓励，这样才能够做到寓教于乐和有效沟通。要知道，多少科学家的伟大发明，都来源于童年的奇思妙想。好好沟通的前提是用心和用情，父母与孩子之间的关系同样需要经营。

想要与孩子好好说话，就不能把孩子当作坏脾气的"垃圾篓"。孩子毕竟是孩子，因此他们的言语和行为比较幼稚，甚至难免会犯错误。当孩子犯错时，最愚蠢的做法便是不分青红皂白地严厉斥责和棍棒相加。千万不要说什么"刀子嘴豆腐心"，刀子就是"刀子"，一旦留下了划痕，即使修复了，也不能完好如初。长此以往，孩子便愈加畏惧父母，更不敢轻易与父母沟通，他们就会在内心筑起一堵厚厚的墙，自己走不出来，父母也走不进去。当孩子犯错了，父母第一时间不是去想如何纠正错误，而是应该去回忆自己的小时候，当想到自己也犯过同样的错误，自己也是从孩子过来的，那么对孩子道德品质考量的标准便会真实得多，便不会将孩子当作坏脾气的"垃圾篓"。每一个孩子都是一个世界，这世界里花团锦簇、阳光明媚、春和景明。

与孩子沟通时，就不能把孩子看成孩子，要把他们看成大人，要改变我们固有的对孩子身份的认知态度，用对大人的口吻和语气与之沟通。孩子和大人一样，也渴望被尊重。试想一下，我们在工作中是不是对别人客客气气、礼貌有加？可为什么有时候会将坏脾气撒向我们的亲人？亲人们为什么要无条件地包容我们的坏毛病？根源就在于，认知态度出了问题，长期"高高在上"、痴迷"封建家长制"式的家庭关系，把孩子仅仅看作大人的附庸，这非常不利于孩子的健康成长。孩子更需要理解，更需要善待，不管什么时候都要和孩子好好说话，放低姿态，试着走入他们的世界。因为你的样子，就是未来他对待自己孩子的样子。试着成为一个"孩子"，融入他们的世界，我们便会发现，孩子远比你想象得还要懂事和优秀。

心理学家李雪说："爱与不爱的区别很简单，爱你的人关心的是你的感受，愿意与你一起把事情解决好；不爱你的人，遇到事情第一时间'讲道理'、分对错，目的是把责任推到你身上。"我们都说爱情是双向奔赴，其实亲情也是一样的，教育的本质就是彼此的成长，在这个过程中不仅孩子会得到成长，同样也是父母的自我修行。如果父母真正视孩子为己所爱，就要学会与孩子沟通的方式。通过合适的方式去表达自己的爱，千万不要抱着"我是为你好"的心态与孩子相处，那只会在错误的道路上越走越远，先去试着成为一个"孩子"，找寻到那种最初的纯真感觉，才能更好地与孩子沟通。

（作者单位：北京市西城区中古友谊小学）

平等让亲子沟通更顺畅

赵　静

与孩子建立平等的对话关系，可以解决我们在亲子沟通过程中遇到的诸多摩擦。平等的亲子氛围，还有利于孩子健康人格的形成，有助于孩子自我表达能力的完善。

著名的"传奇教师"雷夫老师的著作《第 56 号教室的奇迹》中有这样一段话："不管是教导学生还是子女，一定要时时从孩子的角度看事情，不要把害怕当作教育的捷径。"这句话道出了亲子之间沟通对话的最高原则——平等。

如果让家长描述一下与孩子沟通不够顺畅的情况，我们听到的大多是："任你说什么他（孩子）都不听！""年龄大了胆儿也肥了，总是顶嘴！"……我们总是要求孩子要听话、要礼貌、要尊重我们，但是我们好像很少意识到，我们对孩子有礼貌吗？足够尊重吗？恐怕我们做得实在是不够好。

与孩子建立平等的对话关系，可以解决我们在亲子沟通过程中遇到的诸多摩擦。平等的亲子氛围，还有利于孩子健康人格的形成，有助于孩子自我表达能力的完善。

首先，每个家长都需要反思自己面对孩子时的平等意识。在我们内心最深处，总感觉"我养你长大，你听命于我"是天经地义的事。但是我相信，所有的家长，肯定都不愿收获一个事事只能听命于人的孩子。给孩子留出表达意见的空间，允许孩子说出自己的感受和需求，是家长与孩子平等沟通的基本态度。

我们都经历过孩子小时候在超市为了要某样东西而撒泼打滚的情境，我也不例外。我能够中止孩子这种行为是因为有一天，在孩子打滚的过程中，我忽然意识到，也许我应该尊重他表达不满的权利。于是我蹲下来跟他说："我知道你很生气，你可以在这里哭一会儿，我等着你，等你感觉好一点之后咱们再走。"很快孩子的哭声减弱，我们顺利地购物。从那之后，在我跟孩子发生冲突后回家，我总是尽力秉持一个态度，那就是我一定会充分地尊重孩子表达不同意见的权利。当孩子明白自己可以被平等地对待，就不会再用激烈的语气和态度来表达不满了。

其次，家长要学习从孩子的角度看问题的能力。面对自己的孩子，我们很难抑制自己"我过的桥比你走的路还多"的优越感。有时候我们甚至无法意识到自己对孩子的轻视和不屑，就任由自己习惯性地对孩子造成伤害。

外甥正在上小学，数学学到三位数乘两位数的乘法，用竖式计算总是出错。我心想这么简单的问题，怎么可能学不会呢？于是找了一道题给他演示一遍，他说："对呀，我就是这么做的！"于是我放心地让他做作业去了，做完之后一检查，又有好几道题做错了。我想了一下，指着其中一道错题跟他说："这道题，你算出来的结果跟我不一样，你能跟我讲一下你是怎么算的吗？"外甥就在草稿纸上给我演示了一遍，一边演示一边说自己的思路。在这个过程中我发现了他理解错误的点，并就这个点进行了更正，然后让他把几道错题都重新做一遍，一下子就都做对了。

这件事让我想到，面对孩子的失误，需要我们做的绝不仅仅是站在成年人的视角去指导他，而是首先要蹲下来，站在跟孩子同样的视角去理解他。

当然，平等地与孩子沟通是需要练习的。家长首先要意识到成长本身就是一个试错的过程，所以我们以及我们的孩子都不可能时刻完美。只有我们真的放下那颗追求完美的心，才能从一个更加真实、完整的视角去看待自己的孩子，真正的平等才有可能发生。

（作者单位：河北省保定市顺平县河口乡小学总校）

在亲子阅读中收获更好的亲子关系

林　丹

"读万卷书，行万里路。"亲子阅读是一种非常有益的家庭活动，它不单是教育的一种形式，更是家庭成员间情感交流和共享快乐的方式。

我大学是学法律的，毕业后加入互联网第一波创业浪潮，26 岁成为一家高新技术企业的 CEO。跨界的压力让我学会高效能、永无止境地学习各项知识和技能。身边的同学和朋友都惊讶于我成长的速度，我享受着如火如荼发展着的事业，也描绘着未来的伟大梦想。

2007 年，伴随着女儿的出生，我的"伟大梦想"却有了新的定义。初为人母的我诚惶诚恐接过她娇弱粉嫩的身体时，我的梦想不再仅仅是事业的蓬勃发展，我开始思考生命更深远的价值——希望自己能够有机会陪伴她成长，好好爱她，给她世界上一切美好的事物，为她遮风挡雨，让她远

095

离一切可能的伤害……我深知拥抱这一切美好事物的能力，其实就是能给她最好的家庭教育。

"读万卷书，行万里路。"一直喜欢阅读、热爱旅游的我，当妈妈后更加深刻地体会到了这句话的真谛，所以我希望通过阅读来教养和陪伴女儿。在孩子很小的时候，不管工作多忙，我每天都会带她一起阅读。从图形卡片、翻翻书到简单的绘本，亲子阅读逐渐从我的"独角戏"变成了我们俩的互动情景剧。慢慢地，我发现孩子在稳定情绪、与人互动和反应速度等方面确实会比同龄的孩子强很多。

有朋友找我取经，好奇我为什么工作这么忙还能把孩子教育好。一开始我并没有多想，但深度交流后，我意识到孩子之间的差距很大程度上是因为家庭教育方式的差异。在孩子小的时候，亲力亲为以书为媒和孩子进行丰富多样的亲子互动，不仅在为孩子打下精神底色方面颇有收获，在亲子关系的建立上也超过了预期。朋友听取了我的建议后，也开始亲子阅读。坚持了一段时间后，她们的孩子也渐渐发生了令人欣喜的转变：能坐下来、喜欢上了书、专注力提升了。

亲子阅读真的有这么大的作用吗？带着这样的疑问，我开始查询关于亲子阅读的资料，走进各个图书馆的儿童馆，考察家长带孩子阅读的情况。

深入了解后，我发现，10多年前国内一线城市的家长们，亲子阅读意识都相对淡薄，尤其缺乏对早期阅读启蒙的重视。并且经过考察，我发现在教育行业中还没有专业从事亲子阅读的机构。于是，我开始设想，如果我选择把推广亲子阅读作为事业，让更多的孩子喜欢上书香，那么这个事业无论对我自己的孩子还是其他孩子的成长都具有极大的意义。

带着这样的初心，2009 年 1 月，我开始创办悠贝亲子图书馆。这个名字就以我的宝贝悠悠的名字而命名，我带着对女儿的爱开始了这份充满意义的事业。另外"悠贝"的英文谐音——"YOUBAY"也是"你的港湾"的寓意，我期待阅读能成为每个孩子成长中温暖的港湾。

可以说，是当妈妈的身份驱使我开始了人生新的方向，将实现高质量的陪伴作为自己的事业。在事业的推广发展中，因为本着妈妈本能的爱和体验来不断优化迭代的运营模式，主张平台与人共生的理念，迅速获得了一批同样热爱阅读的妈妈们的追随。在悠贝的理念里，只需"一个人，一面墙，一个放满童书的书架就可以重新定义一个图书馆"。可以说，悠贝的亲子阅读事业在很大程度上为徘徊在家庭与事业之间的女性开创了新的人生方向。这也让悠贝成为我国亲子阅读服务领域的首家商业化机构。经过 13 年的深耕，如今我们已经拥有了专业的内容和培训、可信赖的品牌效应，形成了可持续运营的商业模式，并且在技术赋能产业上，经过多年的探索，能够为产业输出阅读相关的综合解决方案。

回首这段路，我和孩子都特别享受这段亲子阅读的美好时光。在无数个安静的夜晚，我们一起读绘本，并交流各自的看法。比如生活的细节、生命的意义、世界的多元，以及对自然的敬畏和对科技的好奇。每当我节奏放慢，心变安静的时候，我总能被孩子活跃的思维打动、震撼，甚至很多时候我会对小朋友肃然起敬。

生命之初是最勇敢的，就像《小王子》的作者所说的那样，每个大人都曾经是小孩子，但却只有少数人记得。我想说的是，如果在孩子成长的过程中身边的成年人能够给予适当且及时的支持，那么每个孩子就可能保留最初的勇敢，甚至超越自己的父母。如果很不幸，孩子身边多是限制，那么通往探索世界的一扇扇门反而会被关上。

成年人的思维体系总告诉我们，有太多是不可能的。如何在陪伴孩子的过程中弱化成年人的定向思维干扰，是每个作为爸爸妈妈的成年人的必修课。因为一次集体活动，我和女儿第一次走进了博物馆，面对丰富而珍贵的展品我只是个无知的猎奇者，而孩子不一样，她的好奇牵引她一路走过去，产生一个又一个的问题，于是各类博物馆相关的书籍成了她的最爱。有一天她如数家珍地告诉我莫奈的哪幅画在哪个国家的哪个博物馆，真让我大吃一惊。我不知道她什么时候因为热爱一个画家的作品记住了那么多博物馆的名字，还因此制订了到那么多个国家的旅行计划，只为看一眼那本书中介绍的原画。我相信如果花更多的时间陪伴她，一定还有更多的惊喜等着我。

在做阅读推广的 13 年中，我也将自己的亲身体验传递给每个阅读推广人和亲子家庭，引领他们用尊重和学习的心态来与孩子开展亲子阅读，收获更好的亲子关系和更好的自己。对于悠贝的成长和对孩子的陪伴是同样的道理。悠贝发展至今，我相信通过共同的努力、探索和坚持，一定会有更多的惊喜和美好等着我们。

行至今日，无论是作为妈妈还是一个创业女性，我都要感谢我的孩子，感谢她让我成为她的妈妈，感谢她让我陪伴她成长，感谢她让我懂得用陪伴孩子成长的心态经营事业，感谢她让我成为更好的自己，并且永远带着孩童般的智慧与勇气前行。

（作者系悠贝创始人兼 CEO，中国家庭教育学会理事）

和这个小生命互动的每一瞬间，都那么美好

解艳华

如何与孩子交流沟通，是一门大学问。有效的沟通有助于建立亲子之间的信任和理解，并为孩子提供一个充满爱和支持的成长环境。

"我有世界上最爱我的爸爸妈妈，我觉得好幸福呀！"周末临睡前，女儿在我耳边悄悄说了这句话后，扭头带着微笑甜甜睡去。

从上小学开始，女儿就经常性地表达她对生活、对家人的情感，或在茶余饭后，或在睡前晨起，听着这些或炽热或淡然的表达，我的内心犹如山间的溪流涌动——和这个小生命互动的每一瞬间，都那么美好。

10年养娃，我最大的感受，就是要学会和孩子沟通交流，这是一门大学问。

好好说话。 每天早上送孩子上学是一天当中最快乐的时光，虽然只有

短短 10 分钟的时间，但是孩子一天的好心情由此奠定。

刚上学时，孩子的时间观念不强，经常会出现磨蹭或者拖拉的现象，因为赶着上班，我心情特别急躁，经常会冲她吼一顿，快点走，穿鞋呀，等等，带着起床气的孩子噘着嘴，饭也吃不好，进校门之前一直都诚惶诚恐。后来有一次，孩子突然说了一句："妈妈，你为什么不能像平常一样好好说话？"我一下子就愣住了。是啊，为什么不能好好说话？从此，我就改变策略。早上孩子醒来，先给她一个大大的拥抱，接着比赛，看谁又快又好地完成刷牙、洗脸、抹油的起床程序，出门时让她先走一段，我在后边紧追，孩子乐此不疲。"宝宝，你今天出门又提前了。"我用鼓励取代了训斥，效果出奇地好。在自行车上的短短一段时间，孩子一下子打开了话匣子，昨天一天在学校的经历，恨不得都讲给我听。其实都是鸡毛蒜皮的小事，但是，我很少打断她，有时候还插嘴问她一些细节。我发现，只要跟孩子好好说话，并耐心倾听孩子的表达，不要急着去打断，积极回应，就会增加孩子表达的欲望和自信。

同频共振。"你觉得猪八戒是什么样的性格？"爸爸问。"他虽然好吃懒做，但是性格不急躁，这一点还挺难得的。"女儿回答。

从四年级开始，语文老师布置了一项任务，就是全班同学都要阅读古诗和四大名著。为了做好辅导的准备，她爸爸也开始跟她一起阅读，并按照老师的要求一起做读书笔记，不到一个月，两个人的笔记本都用去了大半，每天晚上睡觉前，都能听到两人在客厅里讨论《西游记》或者《三国演义》的情节。有一天，孩子忽然对我说："妈妈，我发现爸爸就是《三国演义》里的诸葛亮，足智多谋，沉着冷静。妈妈就像《西游记》里的孙悟空，虽然很聪明，但性格急躁。"嗨，竟然拿小说里的人物来做比较啦，我赶紧问，你还知道谁，她说了一大串人名，什么司马懿、周瑜、托塔李天王，每个人物性格都分析得头头是道，最后还问了我一句，你知道刘备是哪里人吗？我一下子语塞。"妈妈，你赶紧读书吧，要不，我都跟你没有共同语言啦，我和爸爸我俩聊得可嗨啦。"于是，为了跟上"家庭聊天群"，我也开启了读书模式。

平等交流。每到周末，父母都会定时打来视频电话聊聊家长里短。孩子很不解："妈妈，为什么你跟姥姥姥爷说话就像个孩子？"我一下子乐了，没想到孩子观察得这么仔细，大人的一举一动他们都看在眼里。我给她解释："虽然我是成年人了，但是在自己的爸爸妈妈面前永远是孩子，我们示弱一下，他们会有被需要的感觉。"孩子点点头。后来有一次，我和她爸爸闹了点小矛盾，谁也不理谁，晚上睡觉的时候，她偷偷跟我说："妈妈，你虽然是成年人了，但你要学会示弱呀！"我愣了一下，随后给了她一个拥抱："谢谢宝贝的提醒，我试一下。"后来矛盾解除，我俩和好如初、有说有笑，她躲在角落里狡黠地给了我一个得意的小眼神。

这之后，她好像越来越感受到自己对父母来说是多么重要，我们给予她爱，她也不断地向我们释放关心和爱的信号。

好好说话，平等交流，让孩子感受到爱，未来的生活中他们才能够更从容淡定。

（工作单位：人民政协网）

亲子对话：从操控指责到信息引导

李浩英

对话可以分为两种：一种是信息引导型，这种对话的背后是父母对孩子的理解、信任和尊重，创造的是遇事多协商多讨论的平等民主的家庭风格；另外一种就是操控指示型对话，这种对话的特点重在约束孩子的行为，言语中很多次强调的是"你"要怎样怎样，这是典型的指责型对话，并且更多的是发泄自己的愤怒。

4岁小朋友米粒说："妈妈，我想看一会儿动画片。"米妈说："我们之前规定好每天只能看两集，你今天早上已经看完两集了，今天的时间就用完了。"小米粒继续说："那我还想看啊。"米妈平静且微笑着说："是啊，动画片那么好看，如果能一直看一定很有意思，现在不能看一定很不开心。可是每天看两集的规则是咱们两个一起制定的，咱们得说话算数啊，你说是不是？"小米粒噘着小嘴很不情愿地点点头。米妈接着说："我们还有好多事可以做，比如画画、玩积木，还可以跳绳啊。"小米粒立马跳着小脚说："好啊好啊，咱们去跳绳吧，我都能跳 100 个了！"

以上对话的一幕，相信很多家长都很羡慕，很多家长也由衷地感慨要是我家"小毛驴"也能这么听话就好了。事实上这样的家长在管教孩子时也没少费力气，遇到相同的要求，他们也会很多遍地说："我早就说过，每天只能看两集，今天时间用完了，你就不能看了。""小毛驴"们继续说："那我还想看啊！"家长们说："规矩是咱俩一起定的，你说话要算数，今天说不能看就一定不能看。你要是偷偷摸摸看，看我怎么收拾你！""小毛驴"此刻眨巴着无辜的大眼睛看着满脸怒气的妈妈，不知道不能看了还能干点啥。

比较以上两组亲子对话，从孩子的角度思考，哪一个孩子更愿意自觉自愿地去遵守规则呢？肯定是小米粒，因为米粒妈妈采用的是信息引导型对话。从心理学的角度上讲，在面对亲子间讨价还价的过程中，对话可以分为两种：一种是信息引导型。这种对话既表达了对孩子感受的理解，也解释了规则背后的原因。因而有助于孩子认同这些规则，甘愿信守自己的承诺。同时家长给出的信息有多样性，这样既能帮助孩子从执着于看动画片的单一思维中发散出来，还给了孩子自由选择的机会，这样他又能以高涨的热情投入自己感兴趣的事情中，并乐在其中。这种对话的背后是父母对孩子的理解、信任和尊重，创造的是遇事多协商多讨论的平等民主的家庭风格。

相对于信息引导型，另外一种就是操控指示型对话。这种对话的特点重在约束孩子的行为，言语中很多次强调的是"你"要怎样怎样，这是典型的指责型对话，并且更多的是发泄自己的愤怒。而不去强调规则对每一个人都是有效的。曾经有一个初二的学生给父母写信说："我真是不理解为什么每天抱着手机躺在沙发上从不看书的两个人，却指责我这个每天在读书写作业的人。"这就是缺乏平等、尊重、理解和以身作则，会给人造成压迫感，还会引发孩子的抵触情绪，让孩子产生"你就知道管我，你要是不在的话，我就自由了"的想法。所以当家长不在场无法监督的时候，孩子就会故技重施，偷偷摸摸伺机作案，带来的结果就是无数次上演猫捉老鼠的游戏。家长气得差点心脏安支架，孩子也是一肚子委屈仿佛生活在牢笼中。这归根结底是父母对孩子的不信任、不理解以及对孩子有选择权的漠视。长时间生活在这样的家庭中的孩子要么遇事没主见、不敢作决定，要么等到了青春期就会加倍逆反和对抗，甚至故意破坏规则来宣示自己有选择的权利和掌控的能力。

有的家长可能会说遇到这样的事情谁不生气啊，当然遇到和自己期望值相差比较大的时候，人会本能地生气、焦虑甚至是愤怒。俗话说"发怒是本能，制怒是本事"，尤其是在孩子的教育上，为人父母者都要修炼制怒这个本事，遇事三思而后开口。如何三思呢？从多多留意自己常用的这些词开始：你必须……你不能……你一定要……我不准你……不要让我知道，否则你看我怎么……。如果你意识到这些词语经常从你的嘴里溜达出来，那就一定要花点时间转换成"我"或者"我们"开头的句子，这样就会避免自己的说话风格是操控指示型。同时还要重视规则的一贯性和持久性，不能三天打鱼两天晒网，也不能见人下菜碟，即遇到家里来客人或者老人在场时一切规则就靠后站。

有研究显示，规则有助于孩子健康发展。人是社会环境的产物，群体生活中规则是保障每个人自由的必要手段。那些家里规则清楚、始终保持一致，且合理可执行的孩子，对自己的学习能力有更多的信心，也会认为学习成绩的好坏在自己的掌控中，会更用功学习，成绩也较为优秀。究其原因就是孩子和家长多次沟通后能明白自己的行为导致的后果是什么，这样有助于他们学会调整自己的行为，并给自己制定目标和规则，以避免犯错。

追求卓越是人的本性，奥地利著名心理学家阿德勒说："每个孩子都有一颗积极向上的心，他们都是带着使命来到世界上的。"而那些生活在规则意识不清且不稳定的、父母情绪易怒、高控制感、指责型家庭的孩子们，往往更加自卑胆小，他们认为成绩不好是老师和父母的责任，并且遇事不能主动解决而更多地选择逃避。

为人父母者不能单纯期待通过教导让孩子在短时间内学会遵守规则，同时更要意识到让孩子自觉自愿地遵守规则，这样才更有利于培养出自律、自信、自强，有自己的使命愿景和正确价值观，能够寻找到幸福，为他人、为社会作出贡献的人。老话说得在理，种什么花结什么果。

（作者单位：北京师范大学中国教育与社会发展研究院）

父母的嘴，影响孩子的心态

杜福秋

父母的"随口一说"，有时候会对孩子造成难以弥补的伤害。与打击式教育相比，不如让孩子在家长的赞美和鼓励中找到前进的方向，健康成长。

有一天，一个学生上课时间在楼道闲逛，我问他为什么没去上课。他说："我就是个废物！"我问他为什么这样说。他说："我妈说我是废物，我就做一个废物给她看！"后来我与他妈妈沟通，他妈妈说就是随口那么一说。妈妈的"随口一说"，让孩子自暴自弃！

在国际知名的心理治疗师苏珊·福沃德博士的著作《中毒的父母》中有这样一句话："小孩是不会区分事实和笑话的，他们会相信父母说的有关自己的话，并将其变为自己的观念。"

所以，我们真的不能"随口""随性""随意"，想说什么就说什么，什么解气就说什么，我们的"嘴"里，藏着孩子的未来！我们的嘴，决定孩子的路！让我们来学习花式赞美，让孩子在我们的赞美和鼓励中找到前进的方向和动力吧！

三重赞美法

惊叹：用语言表情或者手势表达你对孩子的欣赏。

"哇，太棒了，真了不起，真难以置信！"

"太厉害了，我都不敢相信！"

承认难度：让孩子知道，你理解他做到并不容易，可以对他说这样一类的话：

"这个很不容易呢，我想我是做不到的。"

"有些人觉得这个很容易，可我知道不是这样，你怎么那么快就学会了呢？"

请求解释：让你的声音里透着真诚和好奇，让孩子解释一下他是怎么做到的，比如你可以这么问：

"到底是怎么做到的？"

学会去发现孩子做得很棒的事情，不用惊天动地，一个小小的进步就足够。试着在各种情境下应用三重赞美，你就会亲眼看到这种赞美的方法对于让孩子产生自豪感和掌控感多么有效。

感谢法

"宝贝，非常感谢你今天早上起床很及时，这样我们就能按时到校了。"

虽然是很朴实的一句话，但是不说出来对方常常是感受不到的。

闲话式夸奖

相比直接面对面的夸奖，这类方法会给你带来意想不到的结果。它并不是直接对当事人进行赞美，而是去告诉别人，或者说起当事人做的好事情。

比如妈妈对爸爸说："咱们儿子今天到家没有先看手机，而是先写作业，一直在学习呢！"这个时候，孩子可能就在不远处听到你的夸奖，心里想：这算什么啊！

非语言赞美

有的孩子喜欢竖大拇指，有的孩子喜欢攥拳头，青春期的孩子喜欢撞肩膀、行军礼，或用微信发送表情等等。其实朋友圈也是非常好的让家人得到赞许的机会。很多人的点赞或者评论，就属于非语言或闲话式赞美。

通过提问来赞美

"你这幅画这么棒，里面有什么故事呢？"好像这是一种提问，但给孩子传达的信息是：他的行为受到你的关注，并且得到你的赞美。

称赞对方的努力

当孩子取得进步的时候，父母可以说："妈妈发现你最近滑雪进步非常大，天这么冷，你摔了那么多跟头，从来都不叫苦、不叫疼，你付出这么多努力，妈妈很感动也很欣赏。"虽然我们没有说他有多好，但我们却肯定了他为这个成果所付出的努力，孩子也会为自己的努力得到肯定和赏识从而产生更强的内驱力。

玩笑式赞美

对于青春期的孩子，有时候太直白的赞美会让他们觉得不好意思，而不愿意接受。运用玩笑式赞美可极大程度地缓解他们的"害羞"状态。比如小朋友给你看他写的字，你可以说："哇，这怎么可能是小朋友写的字啊？这字写得太好看了！"

听起来好像是在质疑他，其实这种开玩笑的方法，孩子会说："就是我写的呀！"然后可以再结合提问或者称赞努力的方式，去表达对他的欣赏。

赞美很容易理解，却很难做到，也是需要练习的。从今天开始，对家里的每个人，每天进行至少一次赞美吧！

（作者单位：首都师范大学附属回龙观育新学校）

"我早就说了"，一句话搅黄亲子关系

刘春建

　　不论是跟孩子，还是跟大人，说话时这种"我早就说了"的语气，很容易引起对方的反感。要知道，知易行难，不论是轻描淡写的告知，还是语重心长的叮咛，从你说，到孩子听见、悟到并做到，还做成了，是一个质变的过程，其实相当不容易。

　　一个高中生回家兴冲冲地说："妈，我今天的课前演讲很成功，被表扬了。猜我怎么着？我加了一个小视频，所以就特别有效果。"

　　妈妈一边摆筷子，一边说："我早就说了，不能只是干巴巴地讲，要配点音乐，加点视频、动漫之类的，很增色，你看听我的没错吧！"

　　孩子瞬间没了兴致，心想："原来我的努力成果都是妈妈的功劳，跟自己没啥关系啊！"

● "我早就说了"，不是训话，胜似训话

发现没有，"我早就说了"这句话，貌似随口一说，实则具有很强的杀伤力，透着一种高高在上的口气。如果孩子错了，一句"我早就说了"，就把责任都推给了孩子，该说的我早就说了，是你不听，所以才酿成大祸，都是你不对。如果是孩子做好了，一句"我早就说了"，就把功劳都揽了回来，你之所以成功，都是因为听了我的，是我有言在先，是我指挥得法，是我高瞻远瞩的结果。

不论是跟孩子还是跟大人说话时，这种"我早就说了"的语气，很容易引起对方的反感。要知道，知易行难，不论是轻描淡写的告知，还是语重心长的叮咛，从你说了，到孩子听见了、悟到了并做到了，还做成了，是一个质变的过程，其实相当不容易。

而且孩子正处于成长期，探索欲很强，你的话可能进入了他的潜意识，但他并未觉察。当他照着你说的做了并且成功了之后，他会只当是自己的发现和发明，于是满心欢喜，然而当你点出来这是你"早就说了"的道理时，他就会很受打击。

记得我学车时，科目二的倒库怎么都完不成。有一次终于做到位了，我兴奋地跳下车，激动地跟伙伴分享心得，"你看着那个杆子倒车，就能到位了"。旁边的教练说："我早就跟你们说，要看着那个杆子倒车。"

我清楚地记得自己当时有多扫兴，同时还觉得自己好笨啊，人家早就提醒的好办法，我却没用上，还以为是自己发现的，还急着跟别人分享，我真傻。同时，我当时心里想的是，你根本就没说清楚，我从来也没明白你在说啥呢！这种自责与埋怨交融的心态，至今记忆犹新。

● 看破不说破，是为人父母的修行

那您可能会问，我们确实是早就跟他说了呀，该提醒的我们也早就提醒了呀，难道他不听我们的话出了问题，我还不能说他了？难道他听了我们的才做好，我也不能稍微表达点自我成就感吗？

相信家长对自己的孩子，肯定是知无不言、言无不尽，恨不得把平生的经验教训都移植到孩子的记忆里，好让他少走弯路，直奔主题。家长该提醒的提醒，并没错。只不过，当孩子做错了或者成功了，我们就戒掉那句"我早就说了"吧！

那我们该怎么说呢？

当孩子不听话，正处于困难痛苦的时候，你跟他掰扯"我早就说了"，无异于伤口上撒盐，这样急着批评孩子不听话，有急着推卸责任的嫌疑。所以此时最需要的是过问孩子的状况，先帮着想办法。

当孩子成功后，也不要急着表功，而是真心替孩子高兴，让孩子描述一下细节，老师是怎么表扬的，同学们听你演讲时都是什么表情，是不是连眼睛都亮了，他们是怎么鼓掌的，等等，让孩子在描述中充分品尝成功的喜悦，进而获得更大的自信。这时候就不要提自己"早就说过了"这个话茬了，让孩子充分享受成就感。

（作者单位：内蒙古自治区教学研究室）

家庭中，也要谨防"情感虐待"

陶新华　张国梁

"我为你付出那么多，你就要听我的"，这是许多反面家庭教育中家长的核心观点。由于父母的拼命付出，孩子就必须觉得有所亏欠，因此要压抑自己的需求，更多地按照父母意愿行事，以此报答。仔细反思家庭教育，会发现很多孩子在成长过程中，也存在被生命中重要他人"情感操控"乃至虐待的问题。

北大包丽案引发了人们对 PUA 一词的关注，PUA，全称 Pick-up Artist，字面意思是"搭讪艺术家"，创立的初衷是帮助不善社交的男生提升情商，以追到心仪的女孩。但近年来，PUA 发生严重异化，其目的也渐渐偏向通过精神控制让对方"迷恋"自己，使对方沦为满足自己欲望的工具。这种以情感欺骗和心理操控为目的的现象为"不良 PUA"，它并不通过外在的强势和暴力来实现，而是运用各种心理技术，如自尊摧毁、内疚感植入等，逐步达成对他人的控制。不良 PUA 的受害者长期处于内疚、压抑、低自尊的状态，社会功能与认知能力严重受损，而且很容易罹患抑郁症等心理疾病。而它实际已经扩展到包括亲密关系、亲子关系、师生关系、领导与部下的关系等重要关系中的情感操控和情感虐待。

"爱心创造奇迹"是教育人常说的一句话。是不是有爱心就一定能培养出有能力、有担当的人才呢？其实不然，在教育中若想取得良好的教育效果，除了爱也需要教育智慧。

从情感教育的角度来看，今天青少年的成长的确需要父母、老师的爱心，同时也需要教育智慧的参与，预防在亲子关系、师生关系和亲密关系中的情感虐待。

仔细反思家庭教育，会发现很多孩子在成长过程中，也存在被生命中重要他人"情感操控"的问题。如："你看看大姑家你二哥，人家数学回回考满分，你怎么就只有 95 分。""别人家的孩子可以考取名牌大学，你怎么就不行呢？""别人家的孩子"是我们永远跨不过去的一道坎，这世间永远有更优秀的人才需要我们"仰望"，这种打击会一点一点地蚕食孩子的自尊和自信，让他们陷入自我否定的旋涡。

"我为你付出那么多，你就要听我的"，这是许多反面家庭教育中家长的核心观点。由于父母的拼命付出，孩子就必须觉得有所亏欠，因此要压抑自己的需求，更多地按照父母意愿行事，以此报答。

"我是因为爱你才这样要求你"等，这个过程，父母满足了自己的愿望或缓解了自己的焦虑，而孩子的主体权利和主体意识则是被忽视的。

● 无条件的爱

如何培养孩子抵抗 PUA 的能力呢？人本主义心理学中提到"无条件的爱"是每个人健康成长不可或缺的精神资源。什么是无条件的爱？简单来说就是，无论你说了什么、做了什么，聪明或者没那么聪明，我对你的爱都不会变。

前几天听朋友讲起她和儿子的故事。孩子刚升入一年级时，读写有些困难。虽很努力，但每次语文考试都是全班倒数第一。后来，孩子便不愿去学校上学了。朋友首先和班主任及任课老师沟通了一番，说尽量不要给孩子施加太大的压力，少批评、多鼓励。然后她对孩子说："没事的，不管你考多少名，爸爸妈妈也是像以前一样爱你的。"当时孩子震惊地看着妈妈，眼睛里闪着泪花。现在，我问朋友，她的孩子怎么样了，朋友自豪地说，成绩已经慢慢跟上了。

朋友对孩子表达的正是无条件的爱——我爱你，因为你是你，而不是你的成绩。

无条件的爱是反控制的，它不带有任何的引导性和评判性。有这样的爱做基础，孩子会无忧无虑地发展出稳固的自我认同、适合自己的独特评价体系，长大以后也会更不容易被 PUA。

● 学会爱的表达

父母给孩子足够的无条件的爱的同时，还要提升孩子爱的感受和表达能力，即孩子在成长过程中体验到了被爱的感觉，同时能够表达出自己的爱。对爱自己的人懂得感恩，也有爱的回馈。这样的个体长大后会更容易适应社会，更能从容地处理人际关系中的各种问题。

在亲密关系中表达爱有几条原则必须遵守，这里简单地概括为"四有原则"。

有底线。法律、道德、伦理的基本规范是任何人建立亲密关系的底线，不能逾越这个底线，一旦逾越则关系不再存续。牟某曾以自杀表达对包丽的爱，成功挽回了她，但包丽最终也没能摆脱牟某的控制。恋爱中以自杀相逼的人，往往不属于自爱的人，他/她不能对自己负责，不能珍爱自己的生命。牟某还要求包丽称自己为"主人"，为自己怀一个孩子而后打掉，已经严重损害了包丽的身心健康并突破了道德底线。亲密关系中以任何理由要求对方做不符合法律、道德、伦理规范的事都是不可接受的。

有界限。亲密关系的界限非常重要，它不仅是自我保护和自我成长的法宝，也是亲密关系得以长久维系的重要条件。如果亲密关系没有了界限，就容易彼此伤害。夫妻之间要有一定的界限，丈夫和妻子各自有自己的社交圈，夫妻在相互理解尊重的基础上要有各自的生活空间；亲子关系中的界限也很重要，父母进入孩子的房间前必须敲门，未经孩子允许，父母不能翻看、随意处理孩子的私人物品；情侣关系中的界限也需明晰，绝不能因为有了爱人就失去自我，放弃自己的个人生活和人际交往。处在这样的关系中，双方都难以健康发展。

有奉献。亲密关系中一定有彼此的奉献，这种奉献无论价值大小，重要的是真心诚意地付出。但如果亲密关系中只有单方面的付出，那么关系也难以健康发展。我们要区分奉献和委曲求全。包丽为了满足牟某的欲望并维系亲密关系而委屈自己，做出伤害自己的行为，这并不是奉献。奉献一定是发自内心的，而非被迫的。

有期待。亲密关系中的期待与希望是相互吸引的基础和前提。而且相互了解并接受彼此的期待也是非常重要的，在此基础上可以制定关于事业、生活、家庭等方面的共同目标，这也会成为推动亲密关系发展的新动力。

（作者陶新华系苏州大学副教授；作者张国梁系苏州大学应用心理学硕士）

主题五

心理韧性与
困难免疫力

每个人成长的道路上，总会遇到坎坷、逆境与低谷。有的孩子身处逆境愈挫愈勇；但有的孩子因接受不了考试的失意、家长的责骂，或因情感出现波折而采用一些极端的方式来发泄内心的情绪，从而酿成悲剧。

　　心理学上有个专有名词叫"心理弹性"，指个人在遭遇了困难、失败甚至承受创伤后，仍然能恢复并成功适应的过程，也就是个体面对逆境、挑战和挫折的"反弹能力"。心理学研究也表明，心理弹性就像肌肉一样，是可以被锻炼的。面对压力和挫折时，孩子的这根"弹簧"如何才能保持健康且具有较强的"回弹力"？

压力中如何斗志昂扬、培养心理弹性

叶　枝

"对孩子来说，父母坚定而温暖的支持与鼓励是最重要的家庭资源，不仅让孩子有机会充分地展现自己的个性，更能在遇到压力和挑战时有勇气跌倒重来。"儿童青少年心理弹性水平的高低，将直接影响个体在面对逆境时解释与评估压力的方式和应对策略的选择，并进一步影响其在逆境之下的心理健康水平和行为表现。

面对压力，为什么有的人脆弱无助，选择了极端的做法伤害自己；而有的人则可以表现出强大的抗压能力，从而迸发出更加昂扬的生命力呢？这或许与孩子们自身的心理弹性水平高低存在密切的联系。

● 科学认识"心理弹性"

心理弹性指个人在遭遇了困难、失败甚至承受创伤后，仍然能恢复并成功适应的过程，也就是个体面对逆境、挑战和挫折的"反弹能力"。这个概念最早借鉴于物理学领域中的弹性概念，指的是物体发生弹性变形后仍然能恢复原样的一种特点。因此，也有研究者形象地称心理弹性为"心理韧性"或者"复原力"。

早在20世纪70年代，心理学家就注意到了心理弹性的现象。1989年，美国心理学家韦纳（Bernard Werner）和同事，在夏威夷进行了长达30年的追踪研究，来探索当地一些"高危儿童"的发展状况。这些高危儿童，有的曾在出生前或围产期出现并发症，有的长期贫困、家庭破裂，有的父母患有精神疾病，遭遇抚养环境恶劣等处境。但研究结果发现，其中有高达三分之一的儿童顺利度过了童年期和青春期，不但没有出现严重的学习或行为问题，反而很好地适应了家庭和学校生活并实现了自己的理想。这一结果让心理学家们感到振奋，让他们相信，心理弹性并不是只有少数人拥有的"天赋异禀"，而是一种普遍存在于儿童青少年中的品质。并且，儿童青少年心理弹性水平的高低，将直接影响个体在面对逆境时解释与评估压力的方式和应对策略的选择，并进一步影响其在逆境之下的心理健康水平和行为表现。

哪些因素会影响个体心理弹性的水平高低呢？美国心理学家库姆菲尔（Kumpfer）认为，心理弹性的高低主要取决于个体及其所处环境中包含的支持性资源和优势技能的数量是否足够抵挡外界压力带来的创伤性影响。当个体的资源和技能越多，就越能够有效地降低或缓解外界压力所造成的负面影响。一般来说，我们可以把孩子们的资源和技能分为个人能力和环境资源两部分。其中，个人能力主要指孩子们自身所具备的优势资源，例如，良好的学习能力、创造力、情绪调节能力、人际交往能力和自信乐观的品质等。

当然，除了良好的个人能力，环境资源也会对孩子们心理弹性的塑造产生重要影响。环境资源指的是孩子们所处的家庭、学校和社会环境中的支持性资源，比如，良好的家庭教养方式、温暖的亲子关系以及高质量的教师支持和同伴友谊等。对孩子来说，父母坚定而温暖的支持与鼓励是最重要的家庭资源，不仅让孩子有机会充分地展现自己的个性，更能在遇到压力和挑战时有勇气跌倒重来。2019年热播剧《小欢喜》就生动地呈现了不同的家庭教养方式对孩子的深远影响。剧中几位同龄伙伴之间的友谊也让我们看到，温暖和亲密的同伴关系能带给孩子更多的安全感与对未来的期待，让孩子们在积极正向的环境中充分发挥自己的能量，在遇到低谷和挫折时尽快恢复并斗志昂扬。

时至今日，研究者们惊喜地发现，尽管每个孩子先天的心理弹性水平可能存在差异，但实际上，通过后天有意识的训练，可以有效地塑造并提升心理弹性水平。心理弹性的可塑性使得以心理弹性为基础的干预在实践中具有重要的应用价值。它彻底改变了过往从病理或问题角度看待儿童青少年的方式，重视孩子们如何在压力、逆境甚至受到创伤后调动其内在的积极资源和外在的支持力量，达到积极适应和健康发展的目的。在国内，以培养心理弹性为基础的干预逐渐运用于处境不利的儿童青少年群体之中，并获得了一些初步的成果。以流动儿童心理弹性的干预研究为例，流动儿童在进入城市生活和学习的过程中往往面临重大压力（如歧视、同伴交往和城市适应问题等），心理弹性的干预则通过系列的活动帮助流动儿童提升多种个人能力，形成有效的社会支持环，从而促进流动儿童的城市适应。例如，通过一些相关的活动，老师可引导学生从积极正向的角度看待自己拥有的有效资源（包括家庭、学校和社区资源）以及自己的家庭为城市作出的贡献，提升孩子们对身份的认同感和希望感，鼓励孩子们努力学习。研究表明，以心理弹性为基础的干预对于提升流动儿童的心理弹性水平和整体心理健康都具有非常好的效果。

● 在日常生活中增强孩子心理复原力

对于普通的儿童青少年而言，培养和提升心理弹性对于其学业表现、行为发展和社会适应也能发挥类似的重要作用。在日常生活中，家长可以从以下几个方面培养孩子的心理弹性：

培养情绪调节能力，接纳挫折与挑战。情绪调节能力是心理弹性的核心元素之一。一方面，良好的情绪调节能力有助于孩子在面对逆境和压力时保持平和的心理状态而不被困难所吓倒；在遇到挫折时，坚信困难只是暂时的，从而更少地出现焦虑和抑郁等消极的心理状态。另一方面，良好的情绪调节能力还能增强孩子的自信，培养其乐观心态，让孩子能够更好地直面压力和挑战，迅速调整状态，积极寻求解决问题的方法。

为挫折赋予积极的意义，始终坚定地迈向理想的方向。人生不如意事十之八九，如何应对逆境往往取决于我们如何评估逆境和看待逆境与理想的关系。过于关注当下的挫折和逆境带来的损害，会削弱孩子们应对困难的勇气和决心；而引导孩子们积极地对逆境进行评估，并始终坚定地朝着理想的目标前行，则可以有效地帮助孩子挖掘压力带来的价值和动力，从多元的视角看待压力和挫折对生活的积极意义，在理想信念的支撑下脱离当下压力带来的困扰和创伤，进而增强对生命和世界的理解和忍耐。

保持希望和信心，在挑战之中随时觉察可能的应对契机。当压力和挫折来临时，保持平和的心态，坚定积极的信念，在挑战之中积极地寻找希望，有助于孩子们重塑信心和乐观，从而提升解决问题的勇气。因此，父母在日常生活中可以有意识地培养孩子的自信心和勇气，强化他们对于自己解决问题能力的肯定感和效能感。这样一来，即便面临重大压力，父母也能陪伴孩子缓解情绪上的不安，引导孩子客观理性地评估压力，抓住应对契机，进而解决当前的难题。

建立亲密而高质量的支持系统，体验社会支持的力量。父母是孩子的照料者和养育者，也是孩子最重要的支持者和陪伴者。当孩子面对逆境和挑战时，父母的积极引导和亲密支持有助于孩子直面挑战而非躲避困难，并充分发挥个人能力和坚定信念来解决问题。另外，父母对于孩子的支持也能帮助孩子有效建立良好的人际沟通环境，提高交往能力以及解决社交冲突的能力，从而在进入学校后，与教师和同伴建立起积极的人际关系与支持系统，进一步增强孩子应对逆境的信心与能力。

高水平的心理弹性是孩子成长过程中珍贵的财富，培养孩子的心理弹性，既需要家长重视，也离不开学校和社会的共同努力。只有多方协同，才能为孩子营造良好的成长氛围，打造一片积极发展的天空！

（作者单位：浙江警察学院马克思主义学院）

智慧家长培养有"弹性"的孩子

金 泠

心理弹性在关键时刻决定了人生走向，甚至是生死选择。日常生活中，父母应营造一种安全、宽容、亲密的家庭氛围，从而为孩子织起一张无形的"救生网"，可以在孩子遇到挫折甚至极端情况时，起到关键性的保护作用。

2020 年夏天，湖南耒阳的留守女孩钟芳蓉因考出 676 分的好成绩报考北大考古系而备受社会关注。钟芳蓉的家庭条件并不富裕，从一岁起，她的父母就去外地打工，因此，她的故事被很多媒体贴上了"留守儿童高考逆袭"的励志标签，为 2020 年增添了一份正能量。

钟芳蓉的故事让我们看到，心理弹性强的孩子不害怕挫折，能积极地看待和应对挫折，因此能沿着积极的人生道路蓬勃发展。相反地，缺乏心理弹性的孩子则畏惧挫折，无法用理性、积极的态度应对挫折，甚至会做出一些伤人伤己的极端行为。另外的两则新闻就让我们看到了缺乏心理弹性的巨大危害：考生在高考考场上情绪失控，撕毁其他考生的答题卡；大二学生在被发现考试作弊后跳楼轻生。我们不免感到遗憾：他们本可以用更积极有效的方式来应对挫折。心理弹性在关键时刻决定了人生走向，甚至是生死选择。

钟芳蓉的成长故事也让很多家长思考：是什么力量让她在逆境中表现得如此优秀，甚至比很多在"蜜罐"里长大的孩子更有理想、更加坚定？有的家长还心存疑惑：像钟芳蓉这样的孩子，是不是天生心理弹性就很强？我的孩子有这样的天赋吗？其实，心理弹性是一种可以后天培养和提升的能力。在成长过程中，心理弹性的培养是一门不应缺席的"必修课"，其中来自家庭的培养尤为重要。心理学家耕耘了数十年，为儿童青少年心理弹性的培养提出了科学有效的方法。

● 接纳

"这个世界上充满了挫折，但仍值得我们积极以待。"

对家长自己来说，挫折早已不是新鲜事；可一到对孩子的教育中，还是希望能将孩子保护起来。在培养心理弹性的过程中，让孩子接纳"这个世界上充满了挫折"是必须跨出的第一步。在此基础上，家长还要帮助孩子认识到"挫折并不是生活的全部，我们仍要积极面对"。

为实现这一点，建议家长可以定期举办"伟大的挫折故事会"。在故事会中，家长可以主动分享自己曾遇到的"伟大的挫折"，讲一讲这个挫折是什么、它为何"伟大"（例如它使得我在哪些方面变得更好了）。分享完自己的故事，也可以请孩子分享他所敬佩的人（如科学家、运动员）经历过的挫折，以及如何克服挫折取得成功。这些故事的目的一样，都是让孩子接纳挫折，形成客观的认知——挫折在任何人身上都会发生，而且不全是坏事。

● **认知重评**

从"这件事为什么偏偏发生在我身上"到"这件事能教给我什么"。

当孩子真正遇到挫折时，家长可能会有点失望——平时的接纳教育好像都没发生过，孩子仍然显得如临大敌、情绪崩溃、不知所措。其实这是正常的状态，家长需要接纳孩子此时的反应，毕竟从"知道"到"做到"是有一段距离的。

当孩子处于情绪中时，家长需要首先帮助孩子觉察并处理情绪，可以用"你现在感觉怎么样"等问题来启动孩子对于自己当下情绪状态的觉察；然后指导孩子采用如深呼吸、运动、听音乐甚至大哭的办法，来合理宣泄这些情绪。

在情绪的乌云过境之后，家长需要帮助孩子进行"认知重评"，即把孩子的思维从"这件事为什么偏偏发生在我身上"转换为"这件事能教给我什么"，这样的思维转换可以通过亲子之间的沟通来实现。

● 积极应对

接受现实，"智慧"地分配自己的注意力和行动力。

当孩子跨过情绪和思维的关卡，能够用相对客观、平静的方式看待挫折后，就来到了行动层面——如何才能有效地应对和解决问题？来自新西兰的心理学家露西·霍恩（Lucy Hone）在以心理弹性为主题的演讲中提道："心理弹性强的人很善于选择他们要把注意力放在哪里。他们根据事实来评估情况，聚焦在他们可以改变的事情上，并接受他们无法改变的事。"

家长需要协助孩子做这道"选择题"，即分辨挫折的哪些部分是无法改变的、哪些部分是可以改变的，然后帮助孩子把注意力集中在可以改变的事情上，做出有效的行动。例如，孩子在钢琴比赛中没有取得理想的名次，那么比赛的结果就是无法改变的部分；但是，思考比赛中做得不够好的地方，然后勤加练习，从而在下次机会中表现更好，则是可以主动把握的部分。父母可和孩子继续填写表格，梳理思路。

● 支持系统

搭建家庭支持系统，为孩子织造心理"救生网"。

日常生活中，父母应营造一种安全、宽容、亲密的家庭氛围，帮助孩子从心底里建立起安全感和自我效能感。这样的氛围就像一张无形的"救生网"，可以在孩子遇到挫折甚至极端情况时，起到关键性的保护作用。

　　具体来讲，家长平时应当对孩子犯错给予一定的包容度，让孩子知道"无论发生了什么事，我都可以和爸爸妈妈说"。生活中常会有这样的例子，孩子在外面遇到了重大挫折后，不敢让家长知道，因为他们害怕家长会认定是自己的错，甚至责骂自己。

　　一个充满爱和温馨的家庭氛围是孩子健康成长的基本条件，是孩子内心安全温暖的港湾。可以想见，在这样的家庭氛围中，孩子不会羞于和家长谈论自己遇到的挫折，也能在自己遇到困难时去寻求来自家长的建议和帮助。这些都是孩子成功应对挫折、建立强大心理弹性的必要因素。

　　心理学研究也证明，心理弹性就像肌肉一样，是可以被锻炼的。美国心理学家马斯洛也认为，良好的心理弹性，是提高孩子应对挫折抵抗力的必要手段。而生活中处处用得到心理弹性，也处处都是培养心理弹性的好机会。所以，建议家长们在学习这些方法的基础上，结合自己孩子的性格特点，在实际中去发现更多让孩子心理变得有"弹性"的好方法。毕竟，孩子的一生要由他们自己来走，拥有强大的内心，才是家长送给孩子的一份受益终身的礼物。

（作者系北京师范大学心理学部学业坚韧性项目组成员）

心理韧性关乎孩子一生幸福
——每个人都要有困难免疫力

卢　锋

　　心理韧性对我们每个人的价值不仅在于帮助我们抵达成功，也关乎我们在面对突如其来的困难、挑战或挫败时，是否能够勇敢面对，迈出关键一步，作出正确选择。

....

　　心理韧性，是一个常见的学术名词，其实就是我们常说的抗挫折、逆商、意志力、坚强等概念在心理上的综合反映，就是指面对困境时个体所具备的心理适应、调节能力。著名心理学者彭凯平教授认为，心理韧性就是从逆境、矛盾、失败甚至是积极事件中恢复常态的能力。心理韧性高的人，更容易面对困难，走出困境；反之，则容易被困难羁绊，引发心理问题，在行为上易出现不当选择。美国心理学家安吉拉·达克沃斯（Angela Duckworth）在他的著作《坚毅》中，通过大量的研究和调查发现，一个人能否成功的最重要因素不是智商，不是情商，不是人脉，不是天赋，而是一个人坚韧不拔的能力。这清晰地揭示了心理韧性对个人发展的重要价值。

心理韧性对我们每个人的价值不仅在于帮助我们抵达成功，也关乎我们在面对突如其来的困难、挑战或挫败时，是否能够勇敢面对，迈出关键一步，作出正确选择。尤其是当很多人自身或家庭遭受健康威胁、财务危机、生活失衡等困境时，是否拥有足够的心理韧性水平，关系着人们能否顺利地渡过难关，早日回到正常轨道，开启新的生活。

● 心理韧性关乎孩子的今天和明天

"不能让孩子输在起跑线上"，已经成为无数家长的共识，但对于什么才是真正的起跑线，却有着不同的看法。有人说是分数，也有人说是习惯……这些观点虽不无道理，但显然不够全面。实际上，包括心理韧性在内的孩子的心理健康也是孩子成长路上的重要一环。尤其是在应试教育倾向尚且明显的今天，来自学习的压力和挑战对于每个孩子来说，都是无法回避的现实。而心理韧性高的孩子，显然更适应这样的学习节奏，也即他们更加能够适应学习的累，吃学习的苦。这样的孩子学习成绩往往更加出众，在多数情况下，他们甚至感受不到学习上的苦，学习上的困难对他们而言都是暂时的、可超越的，因而他们在学习上表现得更加游刃有余、自信自强。

一方面，高心理韧性的孩子在学习成绩上往往有着更好的表现，拥有着更大的发展空间和选择机会；另一方面，这些孩子成年后走上工作岗位，也会因为高心理韧性，使得他们在职场中能够有效地解决新问题，更快适应新环境，更好融入新团队。那些高心理韧性的孩子，往往也是自信的，他们一般都是团队中的积极力量，是敢于冲锋陷阵、身先士卒的骨干，是团队里值得信赖的人，有着看不见的核心领导力，能带领团队成员一起前进。因而，高心理韧性的人在事业上的成功并不是偶然的。

在平常的日子里，心理韧性高的孩子把自己的学习生活安排得井然有序，他们不惧怕考试、不担心成绩、不抱怨学习，在学习中他们能体会到更多的获得感、成就感和满足感，在学习中他们辛苦并幸福着。在学习之余，他们敢于接受新挑战，接触新事物，结识新朋友，会腾出时间发现兴趣、发展特长，全面发展自己，因此他们的课余生活、闲暇生活更加完整充实。也因此，高心理韧性的人往往会成为困难日子中的稳定器、主心骨和正能量，让人看见希望，感受到力量。

我们每个人都或多或少地具备一定的心理韧性水平，来帮助我们面对生活中的种种不适、困难和挑战，这样的心理韧性可以说是每个人出生就有的，是人体的一种自我保护机制。只不过，这种先天的心理韧性水平在后天的发展中，会出现巨大的不均衡性。这主要是因为心理韧性水平实际上是综合心理水平的反映，它自身有着丰富的内容。同时，一个人的心理韧性受到其心理、生理、物质条件、精神层次、人际关系、应对事件等各方面因素的影响。在培养和提升孩子的心理韧性的过程中，我们可以抓住一些重点，以点带面、以面带全地展开。

● 提升孩子心理韧性的策略：从认知到身体，从行动到关系

帮助孩子建立积极乐观心态。积极乐观的心态，是建立在正面认知系统之上的，这样的认知系统好比一副有色眼镜，决定着我们看到的是什么样子的事物和世界。有专家表示，成功企业家都有一个普遍的心理特征，那就是乐观。这种心态能够帮助企业家在任何时候，尤其是企业、行业或整个社会遇到危机时，依然选择相信未来，坚守初心使命。而这样的积极乐观心态，就是心理韧性得以维系的认知动力。这样的心态往往并不是建立在调查研究之上的科学研判，而是建立在一种对世界、对未来始终抱有希望的无限信仰。这样的乐观心态，是每个人都应该从小培养的。在日常的教育生活中，父母和教师们的语言、关键对话，对孩子形成积极的世界观有着潜移默化，甚至影响终身的效应。比如，"这个世界会越来越好的"相较于"这个世界没救了"，无疑更能帮助孩子形成积极乐观的心态。同时，家庭生活中也应该经常带孩子读万卷书，行万里路，开阔视野，这样的孩子见识更广，思想更有深度，对于世界的理解就会更加多元、开放，对生活也会有更多的追求和期待。

引导孩子积极参加身体锻炼。心理韧性虽然是属于心理层面的能力，但是却和我们的身体素质、生命活力有着极大的关系。毛泽东同志提出的"欲文明其精神，先自野蛮其体魄"就很好地说明了强身健体对磨炼意志、提升心理韧性的重要价值。实际上，体育的重要价值在今天还远没有被重视，体育有着健体、舒展、强心、壮志等重要作用，对包括心理韧性在内的诸多品质有着良好的支撑和引领作用。同时，体育运动中的不服输、不气馁、失败了再挑战等优秀品质也正是提升心理韧性的重要路径。除了体

育运动之外，劳动也是锻炼身体素质，提高心理承受能力的重要渠道。在劳动中所形成的不怕苦、不怕累，勇挑重担、坚持不懈的奋斗精神，就是心理韧性的典型表现。因此，在对孩子的家庭养育和学校教育中，无论是体育还是劳动教育，都是孩子提升心理韧性的重要抓手。建立在身体锻炼基础上的心理韧性，是身体的记忆，会成为人的自觉选择和终身受用的能力，是带得走的能力，这种蕴藏在身体里（不是仅停留在认知层次）的心理韧性是孩子一生的财富。

让孩子接受必要的挫折教育。在孩子的成长过程中，缺少必要的挫折教育，也是造成当前孩子心理脆弱，情绪易失控，遇到问题常常逃避，更有甚者直接放弃生命等现象的原因。60后、70后、80后这几代人的挫折教育是在物资匮乏下的延迟满足、承担繁重的家务劳动以及照顾一家老小的过程中实现的。然而，随着社会生活水平的提高，加之独生子女家庭普遍化等现实情况，现在的孩子普遍失去了蕴含于生活点滴中的挫折教育。因此，为孩子补上"挫折"这堂必修课，帮助孩子在挫折中成长，是提升孩子心理韧性必不可少的环节。除了引导孩子多参加体育运动和劳动，家长也可以人为地"制造"孩子受挫折的机会，比如鼓励孩子参与各类比赛、评比，积极参与社会实践、勤工俭学。在孩子遇到困难时，家长也可以"故意"视而不见，让孩子独自面对，独立解决问题。

当然，给孩子"挫折教育"和给孩子"挫折"是截然不同的，前者是帮助孩子在挫折中看见和提升自己的抗挫折能力，使其获得战胜挫折之后的成就感；而后者只是手段，不是目的，如果一味地强调"挫折"，忽视挫折背后的成长，反而会挫伤孩子面对困难的信心。

和孩子建立良好的亲子关系。一段充满着爱的关系，是一个人力量的源泉。心理学家阿德勒认为，一个人如果认为自己有价值，有人爱，那么他就有走出自卑、勇敢成长的力量。心理学家马斯洛的需求层次理论也提出，一个人只有在生理、安全、归属、尊重等基本需要得到满足之后，才会发展出他的高级需要，激发出自己的潜能，不断完善自己，最终达成自我实现。一个人要运用自己的心理韧性来克服困难，首先一个逻辑前提是"他觉得这很有价值"。我们常常听说"为母则刚"的说法，为人母后，女性身上所迸发出来的心理韧性、超强能力、坚强意志就是源自孩子对自己的需要，以及自己对孩子的爱。因此，在教育生活中，我们一定要让孩子感受到我们对他们的无条件的爱，一定要和孩子之间建立良好的亲子关系，这是孩子愿意选择坚强、愿意勇敢挑战的内在力量。实际上，在生活中，我们常常看到的是反例，很多孩子感受不到家庭的爱和温暖，找不到奋斗的理由，于是乎他们常常选择对抗、逃避、躺平。在今天，"好关系就是好教育"的观念深入人心，就是因为好的关系意味着孩子能在归属感和价值感中，义无反顾地实现自己的人生价值。

需要指出的是，尽管心理韧性作为一种能力相当重要，但是我们也不能无限夸大它的作用，因为心理韧性不是万能的。一个人的心理韧性再强大，也经不起长时间、一而再再而三的困难挑战，难免会有坚持不下去，甚至最终被压垮的时候。因此，一方面，我们要携手创造一个更加美好、有序的社会，不断提升防范和化解各种危机的能力，让我们不轻易"动用"心理韧性；另一方面，我们也不能把一个人的失败、挫折完全归结为心理韧性不足，生活是复杂的，要允许自己或他人"撑不下去"。要学会示弱、学会求助。

心理韧性可以帮助我们战胜困难，但归根到底是战胜自己，和自己和谐相处。也只有在拿得起也放得下的收放自如中，我们的心理才能真正地保持强大而不失韧性。

（作者单位：苏州市职业大学生命教育研究与实践中心）

防止孩子落入"好学生情结"陷阱

陶新华

"好学生情结"的内在冲突在于学生既要成就自己,又要讨好父母,深感力不从心。孩子跌落"好学生情结"陷阱的重要原因就在于父母给予的过度压力。

大考临近,不少考生都想争取考出最好成绩。然而,家长、老师都要有意识地警示考生——切勿落入"好学生情结"的陷阱之中。

好学生心态本来应是一种好的表现,指一名学生努力成长为好学生并且始终保持好学生的样子。这本无可非议,但是凡事都必须适度,过分了就会出问题。好学生心态僵化后容易出现如下心理状态:争强好胜、只能赢不能输、虚荣心强或只要面子不要里子等。这就失去了原有好学生的样子,成了继续进步的阻碍。借用精神分析的"情结"概念,我们可以称之为"好学生情结"。

"情结"一词最早由瑞士著名心理学家荣格使用。他认为情结是由有关观念、情感、意象组成的综合体，并将"情结"形容为"无意识之中的一个结"。这个"结"表现出的行为有时让人很难理解，是一种以本能冲动为核心特征的欲望。这种自我欲望在被外界扭曲后就会形成各种类型的心理障碍，"好学生情结"就是其中一种。

现阶段，不少优秀学生内心都存在矛盾冲突，他们在面对困难时，"情结"往往就会蹦出，成为情绪崩溃的导火线。根据笔者临床的经验反馈，特呈现三个案例，以具体反思哪些情境更容易让孩子陷入"好学生情结"陷阱：

A 同学以优异的成绩考入了 985 高校，并在入学后被选拔进入强化班——仅 30 人。但是一年后 A 同学抑郁了，因为在强化班，她每次考试都在 20 多名。她不能接受这样的结果，觉得自己太傻、太无能。该同学在小学、中学都是优秀学生，每年都是年级前三名，习惯了自己在群体中名列前茅的身份。其实"认为自己永远都该名列前茅"就是一个无意识形成的"结"，慢慢地 A 同学的"好学生情结"就形成且稳定了，如果不能名列前茅，她就会觉得难以承受。

当她考取大学的时候，与中学同学相比较，她的考分够高，学校也够好，这种"好学生情结"带来的反作用力还没有出现，她可以心满意足地入学，进入大学的新生活。

然而在通过优中选优的考试进入大学强化班后，她遇到了前所未有的挑战。这个强化班的学生已经是全校同一年级新生中选出来的最优秀的学生，每一位都是"学霸"，学习极其认真、勤奋，考试成绩个个优秀。在这样的集体中，A 同学一时处于劣势其实是正常的，但她不能接受自己处于班内倒数的位置。她逐渐压力大到崩溃，无法正常睡觉，学习时心烦意乱，效率不高，情绪不稳定，觉得这样的生活没有意义。以至于在后期她每次考试不是看自己对知识的掌握程度和进步状况，而是想证明自己不是一个"差生"。

于是这种"好学生情结"的问题就暴露出来了——只有年级前三名才是好学生，甚至只有拿到第一名才是好学生。她跌落陷阱，无法正常地学习，患上了抑郁症。这种极端思维模式正是"好学生情结"的一个特点。

我在给大学生上课时，还遇到了一位 B 同学，她和我说："老师，我每学期都只能拿到二等奖学金，我真的没法活了。"为此，我们进行了几次交谈，发现她心理问题的原因不仅在于自己具有极端思维，而且其父母为避免她骄傲，而在生活中处处打压、否定她，这让她极其没有自信。妈妈会告诉她："你长得很丑，两只眼睛不一样大，塌鼻梁，歪下巴。"爸爸会说："你成绩那么差，在大学只能拿二等奖学金，怎么有脸回家？"

显然，她父母的话是极其偏颇的，但是作为他们女儿的 B 同学，却把这些负面信息都听进去了，这使她极其痛苦。这也导致 B 同学总是处于极度焦虑中，她希望获得更好的成绩，但是过度焦虑让她难以如愿，慢慢地，她感觉自己活不下去了。

这种"好学生情结"的内在冲突缘于学生既要成就自己，又要讨好父母，深感力不从心。她跌落"好学生情结"陷阱的重要原因就在于父母给予的过度压力。

C 同学是一名高三学生，有一天在学校上晚自习时，她曾跑到学校六楼的阳台上，看着远方的灯光，再看看校园里的水泥地面，她觉得人活着没有意义，有了轻生的念头。后来她害怕了，发信息给同学说："我在阳台上，不想活了，请班主任来一下。"这件事惊动了教师、校长和家长。

事情发生后，我被请去与 C 同学交谈，她觉得我是懂她的。她是全校成绩好、表现好的优秀学生干部，从小学到高中都是年级前几名，怎么就觉得没有意义了呢？经过充分交流之后，我发现她所有的学习和生活都是父母和老师安排好的，她虽然做得很好，但这些并不是她想要的，总感觉自己在为别人而活，为别人而努力。当时她马上就要考大学了，对自己想要什么也没有想清楚，自己喜欢的东西也都没有尝试过，自己所有的被外人看来优秀的表现，她觉得毫无意义。这样的乖乖女 C 同学，也陷入了"好学生情结"陷阱，原因在于被过度"安排"从而丧失了自我体验，失去了活着的意义。

这些案例警醒我们，如何让优秀的孩子健康成长是父母和教师需要用心思考的问题。笔者建议，教育者在教育孩子时需注意如下几点：

第一，家长要看到孩子的努力。不管孩子在考试中获得多少名次，家长都要看到孩子为之付出的辛苦和个人取得的进步，这也许是名次最核心的价值。任何名次都是孩子学习的成果，应首先予以肯定，然后再表达对孩子的期待，从而鼓励孩子不论起点在哪里，都要有再努力、再进步的动力，横向比较对孩子内心将会造成很大伤害。

第二，引领孩子理性看待名次。要让孩子意识到，名次是相对的、动态的，有时甚至是不能自我掌控的，自我只能掌控自己的努力。

第三，需让学生认识到潜能开发是永无止境的。学业竞争的失败者通常不是名次落后的人，而是首先放弃学习的人。因为只要不放弃就不会失败，真正在学业场上竞争到最后的胜利者往往都是能够长期坚持并乐学不止的学生。

第四，帮助学生进行自我建设。竞争压力大时，自我建设尤为重要，要带领孩子树立理性的自我认知，调整好自我心态，不断提升自我管理水平。

（作者单位：苏州大学）

考试不理想？检验下自己的心理韧性吧

邢　悦　　陶新华

人生路上难免遇到挫折，放眼人生几十年，考试的失利只是一个小小的挫折和考验，跌倒了爬起来，远方还是那么美丽。

积极心理学将心理韧性定义为"个人面对逆境、创伤、悲剧、威胁或其他重大压力的良好适应过程"，即面对困难经历的反弹能力。当一枚鸡蛋、一个纸团、一个乒乓球从高处坠落，鸡蛋会被彻底摔碎，纸团虽然不会破损但却彻底"躺平"，而乒乓球则会触底反弹，达到新的高度。具有韧性的人就如同这乒乓球，面对挫折不轻言放弃，努力为自己创造新的生机。

考试季，即将参加中考、高考的学生和学生家长们经常听到类似的比喻，"千军万马过独木桥"，"考好了就是'金榜题名'"。这样的比喻不确切，还很消极，因为它似乎隐喻着：如果没能通过这座桥，就会被现实淘汰，就会落入无论如何挣扎都无法成功的泥潭中，那是多么可怕的事情。而且这样的比喻隐含着错误的极端思维："我高考（中考）失利了是不是就没有救了？""没考到理想的学校，那我还有什么前途？""没考好，过去三年白努力了！"而"金榜题名"实际是古代的"公务员考试"，用来比喻高考也极不恰当。在今天，学习是人一生的主题，升学只是一个形式而已，只要有韧性、不放弃，人人都可以获得最好的结果。

受编者邀约，在这里，特别为中考、高考中没能取得理想成绩的考生及家长提出几点建议：

对考生：第一，重拾信念，重新规划。

优秀品格是每个人自我反弹力的基础，理性地复盘和反省是必要的。复盘时首先要看到考生已经付出的努力，已经取得的成果，已经养成的良好品格和习惯，这样有利于重拾信念，重新规划。一次考试的失利不代表人生的失败，而是一次学习、总结经验教训的机会。只要不放弃，成功的机会一直在不远的地方等着考生的再次把握。对于未来的学习、生活，考生需要看得远一点，想得深一点，无论如何选择，都要积极向上，乐观迎战，持续努力。气馁、"摆烂"、自怨自艾、自暴自弃，这都是徒然浪费时间、浪费机会。触底反弹，奋起直追，一定会有另一番崭新天地。

第二，合理调节，善用资源。

考试结果不如意，难免会产生挫败感，甚至痛苦、愤怒、抑郁等情绪都会涌上心头。对于失利的考生们来说，这类痛苦烦恼情绪是很正常的，但不能让它持续太久，不能沉沦其中。面对挫折时强行忍耐痛苦、独吞苦水不是韧性的体现，身陷困境时学会求助，善用身边的资源才是有智慧的选择。考生们可以寻求老师和家长的帮助，重新认识自己，重拾信心；也可以与专业人员或自己信任的人一起讨论未来的各种可能性，重新规划。有了支持和帮助，考生自己就可以重新启动，开始新征程。或再复习一年，或者到一个自己能接受的学校开始新的学业，或者去就业工作，这一切都是有意义有价值的选择。学习是终身的主题，无论干什么，只要不断学习，一定能获取自己的幸福人生。

对家长：放下情绪，学会理解、尊重与支持。

积极心理学研究发现提升反弹力的重要因素之一是良好的人际环境支持，考生周边的人际环境最为重要。父母与同学的支持和理解是考生克服困难、恢复竞争力的重要力量源泉。面对孩子考试的失利，作为父母，也难免会感到失落、焦虑，虽然出现这类情绪同样是正常的，但在面对失落的孩子时，家长要放下情绪，避免苛责。家长要与孩子进行平等沟通，了解孩子的困扰，表达理解和包容，支持孩子重新开始。若发现孩子表现出过分的情绪反应，要及时带孩子寻求专业人员的心理帮助。若孩子向父母表达对于未来的看法，要认真倾听，重视孩子的每一个抉择，不能一味说教，更不能否定或讽刺。

人生路上难免遇到挫折，放眼人生几十年，考试的失利只是一个小小的挫折和考验，跌倒了爬起来，远方还是那么美丽。

（邢悦系苏州大学硕士研究生，陶新华系苏州大学副教授）

孩子考试失利之后：听孩子讲故事，提升复原力的契机

李　蕊　陶新华

　　学会面对失败是每个人人生的必修课，这就是所谓的复原力（反弹能力）。而不同个体由于在面对失败时得到的支持是不同的，因此他们的复原力也是有差异的。也就是说，逆境或者创伤有可能带来心理问题，但如果个体获得了良好的支持力量，失败也有可能激活生命的新潜能。

....

　　暑假期间，随着高考、中考、期末考等考试结果的陆续公布，考生和家长也因考试分数而情绪起伏。面对失利的考试、不理想的成绩，该怎么办？

　　近日，Z同学就遇到了这样的困扰，由于期末考试失利，Z同学感到强烈的挫败感。他在网上发帖说："除了考试失利本身的痛苦，更让我难

受的是爸妈对我的态度。他们非但对我没有一点关心，还在我面前不停地说别人家的孩子考得好，把我说得一无是处，完全看不到我为考试付出的努力，我真的再也不想去上学了。"

有人评论说："失败一次就想要放弃，Z 同学真脆弱！"

真的是 Z 同学脆弱吗？也许并不见得。

学会面对失败是每个人人生的必修课，这就是所谓的复原力（反弹能力）。而不同个体由于在面对失败时得到的支持是不同的，因此他们的复原力也是有差异的。那么，家长应该如何在孩子面对失败时提供支持，提升他们的复原力呢？叙事疗法，即尝试听孩子的声音。具体实践环节如下：

● 第一步：涵容——鼓励孩子说出想说的话

面对子女考试失利，有时父母的确会表达出其失望的情绪，甚至会说出伤害孩子的话语，如"早干什么去了""以后知道努力了吧"，等等。

接收到这样的评价后，孩子往往会有两种感受：一是，"父母果然不懂我，我的努力永远不会被看见，不想再学了"；二是，"父母果然觉得我很差劲，他们说得对，我永远学不好的"。无论是这两种想法中的哪一个，都不仅不会激发孩子的学习动力，反而还会使孩子沉浸在失败的痛苦中。

因此，作为父母，首先要有察觉和管理自己情绪的意识和行动，在接受孩子没考好这个事实后，再情绪稳定地与孩子平等对话，让孩子有充分表达的机会，说想说的话。

● **第二步：理解——听懂孩子的"在乎"**

作为父母要学会尊重孩子的付出，理解不管成绩如何，孩子都付出了相应的努力，他们渴望得到肯定。

因此，在孩子考试失利后，家长可以尝试去关心孩子："你为什么这么不高兴啊？"这时，孩子们往往会表达出自己的不甘心和不服气。作为家长，应继续肯定孩子："我看到你常常学习到深夜，很辛苦。""这么多年你一直都稳扎稳打，不停努力，我们觉得你好棒！"

● **第三步：改写——经历挫折，体验正能量**

孩子在挫折中表现出不服输的状态，有想要变得更好的进取心，这值得家长用心呵护。

家长可以尝试与孩子展开对话："面对挫折，你没有退缩，这是难能可贵的品质。""是什么能让你坚持下去？"值得家长们注意的是，要学会在对话中肯定孩子勇于面对挫折的品质，引导他们设想将这种可贵的品质保持下去必将会有美好未来，以此引导孩子畅想自己未来几年后的样子，以及想考的大学、想从事的职业、理想的生活等。这些对未来的期待也将成为他们继续克服困难的勇气和动力。

● 第四步：实践——活出新价值

完成对理想生活的设想后，需引导孩子采取新行动。每个孩子都有自己以往的成功经验，家长应学会利用这个宝贵的资源，并与孩子一起加以应用，来解决他们目前面临的问题。

比如在数学课上孩子能认真听讲，但在英语课上却怎么都坐不住。这时，我们可以引导孩子："你在数学课上是怎么做到认真听讲的？"将孩子所总结的经验加以概括，应用到英语课中。家长们需要注意，要引领孩子总结出足够细化的经验，方便孩子实践。

面对考试的失意，孩子也许无法独自走出负面情绪的陷阱，这时就需要家长的支持和关怀。家长们，请尝试用鼓励的方式，倾听孩子的声音，引导他们正面挫折，找到自己的新价值、新方向。

（李蕊系苏州天力咨询有限公司心理业务主管；陶新华系苏州大学副教授）

社会是一个更具挑战性的考场

——一位父亲写给儿子的信

张红超

教育的最高境界是培养一个社会可以接受的孩子，同时找到一个孩子喜欢的社会位置，或高或低。也就是说，孩子要有适应力。在复杂的社会中坚守自己的人生品格、把握好人生方向、实现自我价值，做到这点比高考难得太多了。

....

一

2016年高考结束的那天是我此生最难过的一天，也是我不想回忆的一段日子。

那天，我独自站在清华附中旁边的天桥上，无数次来来回回地走动，向校园张望，其实什么也看不清。俯瞰校门口，各种表情的家长们在等待，可以看出所有人的不安。我之所以不愿挤在人群里，是因为任何信号都会刺激我，导致我崩溃。

陪伴高考是一个"时代性"的难题。而独自拉扯两个孩子并陪伴他们参加高考更是压力山大。

高三阶段，两个孩子还要坚持踢足球联赛，还要坚持歌舞演出，老大还在认真负责班长一职，我一再提醒俩孩子收心，似乎没用。后半年摸底考试时老二的成绩大起大落，我明白这个成绩让他很没面子。但我能做的只是一句话："我养的你，我了解你，我相信你。"

终于到了6月6日晚上，老二饭后告诉我他的脑子一片空白。说实话我蒙了。但我更怕影响到状态不错的老大。作为父亲我能感受到孩子极大的压力，但是，有什么办法呢！

我把车开到窗下开始观察，因为不知道还会发生什么。11点前灯熄了，12点下大雨，正好把我困在车里。时间一点一点过去，雨很大，我的心情起起伏伏，百般担心和纠结。

我很少惧怕孤独，那一段时间我感受到了。

两天半的考试时间，像一个漫长的冬季。

最终，他们没能去到自己最为理想的学校。而于我看来这个小小的坎儿正是孩子们成长的机会。正是这个小坎儿促使两个儿子在大学期间得以以优秀的成绩跨校保研到北大。

回想起来，近几天不知道多少家长在这种"心不着地儿"的无奈中度过。我是幸运的，努力了，有了可以接受的结果。但是，并不是所有努力都有好的结果，有人是运气不好，更可悲的是，作为过来人，眼看着孩子用力方向不对，却无法言语相劝。

二

随着两个儿子博士即将毕业，我深知一场社会大考很快就摆在了面前。我担心直线上升式思维会让两个年轻人迅速面临挑战。

人的智力是有偏差的，高考成绩反映的是人一方面的能力，并不能代表全部。社会需要综合能力。现实中，糊涂的人常常把自己考场上的优秀看作全部，不能再次躬身全面提升。

社会有社会的语言、社会的规则。如果读不懂，即使是最优秀的学生，最终也会被淘汰。要全面了解真实的社会，凡事能够坚持独立思考，尽可能把握现象背后的本质，作出符合历史趋势的判断，站在历史正确的一方。同时，一个年轻人必须意识到，对于社会规则、党纪国法，必须知之守之。

我曾在家长会上说：教育的最高境界不是多高的学校，而是培养一个社会可以接受的孩子，同时找到一个孩子喜欢的社会位置，或高或低。也就是说，孩子要有适应力。在复杂的社会中坚守自己的人生品格、把握好人生方向、实现自我价值，做到这几点比高考难得太多了。

对于一个初入社会的新生，我认为确立自己的社会形象很重要。

这个形象既要有自己的个性、家教背景的特点，也要与即将承担的社会角色有关；这个形象不是简单的衣着打扮，而是要从生活习惯、言语表达、谈情说爱、业余生活安排等之中表现出来；这个形象不仅是个"乖宝宝"，更多的是有自己的原则、有内涵有深度；这个形象不是行为体力的忙碌，更多的是观察思考；这个形象不是一时之举，而是日积月累，为之坚持，使之形成品质。

人生半途，自己没有什么说得出的成就。可我深知这些"俗事"对人成长的重要性，我更知道这一切听起来很美好、很有道理，但做起来很难。希望你们能悟出其中的道理，与其在人生路上东碰西撞，不如静下心来，淡定思考，认真前行，虚心回应社会之考。

（作者单位：空军总医院心脏外科和血管外科）

警惕中小学生中的微笑型抑郁症

王　凯

微笑型抑郁症恰恰掩盖了通常抑郁症的表现，患者以微笑、阳光的状态示人，让人感觉他是健康的、快乐的。然而患者越掩盖，情绪就越不能得到顺畅宣泄。

著名歌手李玟因为抑郁症而选择轻生而去，举世震惊。李玟在舞台上一直活力四射；在自媒体上也始终呈现励志向上的积极状态。但外人不知的是，李玟阳光的表象下却是深深的痛苦。

通常抑郁症表现为：持续的低落情绪，感觉无法摆脱悲伤和绝望的情绪；对日常活动失去兴趣和乐趣，不再感到愉快；睡眠障碍，可能是入睡困难、早醒或睡眠过多；食欲异常，可能出现食欲丧失或食欲增加，导致体重减轻或增加；疲劳和体力消耗增加，感觉乏力和无力；注意力和集中力下降，难以专注做事或记忆力减退；自我否定和低自尊，对自己产生负面评价；反复出现自杀、自残的念头或行为；对事情产生消极、悲观的想法；社交回避，对与他人交往感到困难或不愿沟通。

微笑型抑郁症恰恰掩盖了通常抑郁症的表现，患者以微笑、阳光的状态示人，让人感觉他是健康的、快乐的。然而患者越掩盖，情绪就越不能得到顺畅宣泄。同时，由于周围人难以察觉他们的心理问题，因此他们难以得到足够的心理支持。因为独自苦苦支撑，他们也常常为了"装"快乐付出更大的心理能量。也因此，微笑型抑郁症患者比通常抑郁症患者面临更多的风险。

近年来，一些中小学校园里也不乏微笑型抑郁症学生。这些学生平时给同学和老师的印象是阳光健康的，人际关系良好。但他们内心深处往往十分痛苦，有时也会伴随一些极端行为出现。

根据心理健康教育实践经验，我们认为可以从以下几个方面为微笑型抑郁症的学生提供帮助。

建立良好的亲子关系

据观察发现，学生存在心理健康问题，尤其是抑郁症问题，大多与家庭教育有着非常密切的联系。在家庭教育中最重要的就是建立良好的亲子关系，可以说有良好的亲子关系，很多问题就解决了一半。"不管这个世界怎样，不管我在这个世界怎样，即使全世界都远离我，但是我有父母的疼爱。"这无论是对于一个抑郁症的孩子而言，还是一个正常的孩子而言都是弥足珍贵的。

父母要细心观察孩子

微笑型抑郁症的孩子在做出极端行为时，大多数父母都感到不可思议。其实一切还是有预兆的，只不过有可能父母忽视了孩子的"求助"。一方面，父母要注重经常性地与孩子进行有效沟通；另一方面，在家时父母要细心观察孩子的神情、语言，尤其是在其独处时。因为这时他往往放下了"面具"和"盔甲"，不需要费力表现出阳光的状态。因此，家长如果发现孩子的情绪在人前人后有较大反差时，要特别注意。除外在表现有所区别外，微笑型抑郁症学生内在心理特征往往与通常抑郁症症状别无二致，也会伴有睡眠障碍、食欲异常、体重变化等表现，也可以作为父母观察孩子的依据。

营造良好的家庭氛围

一个家庭若想要拥有良好氛围，夫妻关系融洽是至关重要的。同时，也要注重父母与子女之间的家庭关系，形成互相尊重、互相关爱的家庭环境。其中，特别值得关注的是培养子女对父母的爱。一个懂得关爱父母的孩子，往往更愿意与父母沟通，微笑更加真实，有坏情绪也更容易化解。

要坚持"五育"并举的学校教育

"五育"并举的高质量落地，对于学生，尤其是对于难以识别的微笑型抑郁症学生的心理健康而言有着极其重要的作用。要创设健康积极的成长环境，保证学生能在校园里学得好、玩得好、吃得好，学会知识经验、运动技能、充分享受审美等。与此同时，要促成家校社一体化育人体系建设，搭建学生自主成长平台、组建跨学科学习网络。相信学生在这样的教育环境中会有兴趣、有追求、有成就、有朋友，让包括微笑型抑郁症学生在内的每一个学生都能站在教育场域的中央，都是一颗太阳，放射出万丈光芒。

（作者单位：天津经济技术开发区国际学校）

主题六

助力成长,
需要建设性批评

"人非圣贤，孰能无过？过而能改，善莫大焉。"教育离不开批评，批评应该是一种沟通而非"攻击"，建设性的批评能更好引导孩子走向全面成长和发展。要做到建设性批评，需要确立正确的批评观念，掌握正确的批评方式和技巧。同时，也要帮助孩子正确面对批评。

批评原可以更温暖

蔡 蓉

批评也要讲究艺术，运用得恰当，有助于孩子成长，运用得不当，会挫伤孩子的自尊心，加重孩子的不良行为。理性的批评指的是，尽管父母的情绪可能也被孩子的某些不当言行激惹，但是能够在情绪上来的时候，自己先冷静下来，然后在一种理智的状态下对孩子进行批评教育。

根据家长批评时的自身状态，可将批评分为情绪化的批评和理性的批评。情绪化的批评可以理解为：孩子做了不符合规范或者不符合家长期待的事情，家长的情绪被激惹引爆，这个时候家长的愤怒、失望等复杂情绪倾泻而出，是处于非理性的状态。在这种状态下，家长可能会说出挖苦讽刺的话，这些话往往会直接冲击孩子的自尊，让孩子感到自己毫无价值、不被爱和接纳。某些情况下孩子可能因此产生对父母的怨恨，极端情况下甚至以生命为代价来报复父母。情绪化批评的模式就是父母的情绪被孩子点燃，失控后的言行进一步引发孩子的各种消极情绪、消极认知和消极行为。此时，孩子大脑皮层尤其是前额叶的功能被削弱了，他无法去思考自己错在哪里，如何做才是对的。事实上，当他被"攻击"的时候，大脑会进入本能的"防御"，例如用很多理由来驳斥父母，或者不理不睬，亲子关系逐步疏离对立。因此，情绪化的批评不可取。

理性的批评指的是，尽管父母的情绪可能也被孩子的某些不当言行激惹，但是能够在情绪上来的时候，自己先冷静下来，然后在一种理智的状态下对孩子进行批评教育。

日常生活中，家长如何更好地运用理性的批评？

预设情境，刻意练习。理性批评的能力，其实是可以提前做功课甚至刻意练习的。在亲子沟通中，孩子常不断重复出现同一类型的问题，家长常以雷同的方式或变本加厉地对孩子进行批评教育但无果。所以，家长可以在平常心平气和时梳理出孩子哪些问题会引爆自己的情绪，练习在这些情境下稳定住自身情绪，并列出清单。

例如：放学后已安排孩子在户外玩了 2 小时，跟孩子商量好回家后花 10 分钟调整一下，就开始做作业。但是你发现 30 分钟甚至 1 个小时过去了，孩子根本没有写作业。设想自己遇到这种情境，情绪可能会是生气的、愤怒的、失望的、挫败的、无力的……尽可能多地列出类似的问题情境，就会提高在这些情境下的情绪自我觉知。当这类情况出现时，就可以利用"暂停、深呼吸、自我暗示"三个步骤让自己逐渐平静下来。并且要提醒自己："我现在正在气头上，暂停一下，做几个深呼吸，保持冷静。"

批评行为，维护自尊。在孩子不写作业的情境下，情绪化的批评大概是这样的："还不快去做作业！你这孩子从小就贪玩、学习那么差还不努力、脑子笨还不自觉、没有时间观念，再不做作业看我怎么揍你！"在父母激烈的言辞下，孩子可能去做作业了，但是他吸纳到的是关于他自身的负面信息，表面上看，短时效果可能是有的；但长远看，他会内化吸收这些负面评价，形成消极的自我暗示，也无法建立主动完成作业的习惯。而如果家长能很认真地看着孩子，郑重地对他说："我看到 1 个小时过去了，你还没有开始写作业，我心里非常着急甚至有点忍不住就快发火了。现在咱们坐到书桌前，把作业和本子等学习用品拿出来，开始写作业吧，我相信你能做到的！"这样理性的批评，没有诋毁孩子，同时也传递出对孩子有能力自律的信任，所以孩子更容易意识到自己的错误，激发自主性，积极改变行为。

给孩子解释的机会。再设定一个场景：比如家长正忙着在厨房做饭，此时 10 岁的哥哥和 2 岁的弟弟发生冲突，弟弟脑门被哥哥抓破了。这种情况下，情绪化的批评往往是家长上来对哥哥一通打骂。而理性的批评则是这样的："×××，我要郑重地告诉你，打人是不对的，是坚决不允许的。请记住，无论你有多生气多愤怒，都不可以打人！我想知道刚才发生了什么，你说说看……"这时哥哥可能会说出他的理由，家长可借此机会和孩子探讨如何避免此类事情发生，以及教会孩子生气时如何用更理性的方式来处理、来表达。

批评与积极肯定要相结合。面对开学前赶作业的孩子，采取情绪化批评方式的家长可能会责骂孩子毫无规划意识、临时抱佛脚、偷工减料、不负责任，等等。采取理性批评的家长，则会发现孩子有值得肯定的地方。家长可以对孩子说："我看到你正在努力快速地完成老师布置的寒暑假作业，这说明你对学习的事很上心，你非常希望自己能按时圆满完成老师要求的任务。这些都很值得肯定啊！我知道你现在一定很着急，写得很快所以字写得不是很好，而且很多题目也做错了。我们稍微慢一点，把题目看清，把题答对，把字写好就更好了……"与积极肯定相结合的批评，不会破坏孩子当下的情绪，孩子通常就能以较好的情绪状态完成后续的事。等孩子做完之后，就可以再找机会跟他谈时间安排，让他养成有计划做事的好习惯。

启发式谈话，温和不纵容。我们再来看个例子，比如当家长把饭做好了，喊孩子来吃饭，叫了几遍，还是不来。对于这种情况，可以找机会跟孩子聊聊："孩子，当爸妈喊你吃饭的时候，你当时是怎么想的呢？"孩子可能会说："你们说第一遍的时候，我已经知道了，但是我在看课外书或做其他事时，没法立刻停下来。"家长可以说："哦，这样啊，你猜猜看，当你大声嚷叫而且又没来吃饭的时候，爸妈可能是什么心情？""如果是你花了好多时间做好饭，喊爸妈来吃饭，但爸妈不理你，且大声嚷嚷你会是什么感受？""你觉得这件事情，在咱们家应该如何来解决比较好，你希望我们怎么做，你希望自己今后怎么做呢？"通过这一系列温和而不纵容的问话，孩子会意识到自己的问题，并且会积极主动思考如何解决问题，规范自己的言行。

总之，孩子成长过程中的行为塑造、品格培养在某种程度上少不了批评教育。作为家长，掌握批评的策略，会让批评更理性、更有建设性、更有温度，也才能给孩子的成长助力。

（作者单位：北京信息科技大学心理中心）

教孩子学会面对批评

林丹华

在生活和工作中，我们总会遇到这样的情况，有些人被领导、老师、家长或同伴批评后，或是垂头丧气，感觉被否定，或是愤而反击；而另一些人则会平静地听取对方批评中的建设性意见，充分吸收这些意见，让自己有更大的成长。那么，如何让批评成为成长中的机会而不是可能给自己带来伤害的灾难？

● 对非理性的批评勇敢说"不"

批评分为"对事"和"对人"两个方面。有些批评对人，有些批评对人也对事，有些批评则是对事不对人。如果一个人遭受来自他人的对自己整个人或人格的指责或否定，那么就需要对这样的批评有足够的警觉度并作出合适的反应。

比较重要的一点是，需要将这样的批评与自己之间画一条明确的界限。我们需要知道这种针对"人"的批评是有毒、不理智的，是对方情绪的发泄而已，不要让对方的错误来伤害自己，让那些有毒的情绪影响到自己。比如我们可以直接跟对方说："如果你觉得我有哪些地方做得不够好，请直接告诉我。但我不接受你的非建设性的情绪发泄！"这种情况下，清晰的界限可以保护自己免受伤害。我们要明确区分对方的问题和自己的问题，对自己有客观公正的评价和接纳。

● 面对批评，不同的既往经历会有截然不同的解释

大多数情况下，我们遇到的是"对事不对人"的批评。但是，一些人还是不能接受批评，甚至感觉他人是在故意针对自己或者觉得自己被否定。为什么会这样？我们首先要从一个人的成长经历来看。我们每一个人从小与主要照料者（爸爸妈妈或爷爷奶奶等）的依恋关系对长大以后的发展至关重要。如果早年得到很多的爱和关注，与主要照料者建立起了安全型依恋，那么这个人就如同心中拥有了"安全岛"，他能很好地接纳和欣赏自己，更容易与他人建立亲密、独立的关系，并能以安全的眼光看待周围的环境、积极探索外部世界。

早年的依恋模式影响了我们心中的"内部工作模式"，安全型依恋的人面对外部环境和信息能作出安全型的反应，而不安全型依恋的人则会在遇到各种环境和信息时倾向于将之理解为"我是不够好的，这个世界是危

险的，我是得不到尊重的，对方在有意伤害我……"而"内部工作模式"就如同早已录制好的录音，当一个人被批评时，扳机扳动，录音启动，播放出"我不够好，我没有价值……"或"他是有意地攻击我""他们可以信任，我很重要……"等完全不同的信息，这种自动化反应往往瞬间启动，直接影响了这个人在此时此刻的心理和行为反应。若这种情况没有得到足够好的觉察和发现，这样的录音会重复播放，一遍又一遍，对我们的人生产生着重要的影响。

个体的期待在这个过程中也发挥着比较重要的作用。我们每一个人的心中都有"别人对自己的期待""自己对自己的期待""自己对别人的期待"。这三种期待若能实现，我们内心中的被爱、被关注、有价值感、被尊重等心理需要就会得到满足，就会产生愉悦的情绪、积极的认知和行为。相反地，若这些期待没有得到满足，我们心理世界的"冰山"的各个层面，包括自我价值、认知、情绪、应对方式、行为等都会受到影响，产生糟糕的感觉和反应。这也就能理解在被批评时，为什么会出现不管以何种姿态沟通，只要批评者指出事情没能做得足够好，被批评者就会出现因感觉被否定而退缩或"愤而反击"的防御反应了。当然，不是所有的人在心理的期待没有得到满足时都会出现以上的反应，一些人经过不断地学习和个人成长，能够开放、接纳、乐观地看待批评等未满足的期待，并能用恰当的方式去满足自己的内心期待，使自己不断走在个人成长的道路上。

● 悦纳自己，相信改变的力量

及时地觉察和接纳。从小充满关爱和无条件支持的成长环境对个体安全感依恋的建立至关重要，但若我们的成长环境不那么理想也并不可怕。我们每一个人都拥有自我改变的资源和力量，重要的是，当头脑中的"录音"又一次启动时，我们要及时地觉察到这种情况，知道这是自己当前的一种状态，不需要惊慌，也不需要否定它，所要做的就是接纳它，允许它再次出现，如同一个我们熟悉的"朋友"。告诉自己"它常常出现，我们不喜欢它，但可以学会和它和平共处"。如此不断地学习和成长，我们就能以开放、接纳的心态面对当前所面临的问题了。

培养自己的成长型思维。成长型思维是指我们用动态、变化的方式看待自己的智力和能力的发展。拥有成长型思维的人知道，通过不懈的努力，我们就能有所进步和成长；而拥有固定型思维的人则认为人生来或聪明或愚笨，努力没有用，人的智力和能力也不会改变，这样的人会自我设限、故步自封，在被批评时也不敢面对或选择逃避，或将批评视为对自己的否定。培养成长型思维，可以让我们更加开放、接纳。无论处于哪个年龄段，拥有成长型认知和思维模式的人，能够平和、冷静地面对批评和挫折并从中汲取有益的内容。

关爱和欣赏自己。拥有高自尊和高自我接纳能力的人，能够勇敢地面对和接纳批评并将批评视为成长的动力。欣赏和接纳自己是人生的重要课题，自我关爱应成为每日功课，欣赏自己的优点，接纳自己的不足。正如著名心理学家荣格所说："阴影也是一种力量。"当从自己的不足中看到积极的资源和力量而不是自我否定时，批评自然也就成为让自己变得更好的一种有效方式。

（作者单位：北京师范大学心理学部）

要教孩子们学会"审美"还要学会"审丑"

贺 潇

社会学上有和谐论和冲突论之说，现在看来，其实，这个社会兼具和谐和冲突的一面。作为生活在俗世中的人，面对漫长的一生，需要能够感受美好、创造美好、传递美好，也需要辨识恶，需要有直面恶，敢于善于斗争的勇气和能力。

据媒体报道，日前，某地一少年因为老师的一番过于强硬的批评，选择了跳楼自杀。近几年，舆论曝光的研究生因为导师的不当管理而选择自杀的故事亦不鲜见。就此事件，我看到一篇特别有说服力的分析性文章，大意是，未谙世事的孩子们的小世界盛放不了太多东西，倡议大人对孩子们温柔以待。我很是认同。但反过来也想提醒家长们，尽管我们希望成人社会做到儿童友好，能够对孩子们温柔以待。但无论如何，那是一种理想的状态，孩子们在俗世间生存，随时可能遇到"恶、粗暴和不公"。教师的素质也一时难以达到理想状态。

做家长的，我们还要教孩子们学会辨识丑陋，直面丑陋。比如，我们要教孩子，"面对他人的批评，你也需要去审视，他是否基于事实，他的评判是否合理。如果不是，你可以屏蔽或者选择其他的方式远离。总之，面对粗暴和不合理的周边环境，要选择保护自己，不能一任他人伤害，更不要自我伤害"。

我生活在一个贫困但充满爱的家庭里，从小听着《岳飞传》《杨家将》这些精忠报国的故事长大，也常常跟着邻居阿姨去听曲剧看豫剧，如《铡美案》《卷席筒》等等，在悲怆高昂的曲调中，伴随着最终的正以压邪，感受到社会尽皆公平正义，充满爱与美好。加之儿时两耳不闻窗外事，安静地在父母精心营造的港湾中学习、做梦，听了很多广播剧，在跨越时空的声音回响中，产生了悠远美好的对外面世界的向往。

父亲乐善好施、勤劳乐观也充满理想，他是那个时代县城里少有的高中生，自儿时起，他便鼓励我们奋斗，长大为社会做贡献。一路走来，也多遇恩师。

渐渐地，感性世界中的这些美好让我淡忘了小说故事中其实还写过现实中的很多"恶"。加之教育学的背景，我总习惯性地发现、感悟人性人格中的美，好奇人们身上这些美好的特质都是怎么来的，习惯性地感受、传递着人性中的美好一面。以至于了解自己的朋友提醒说："你总是特别容易发现、放大美好，对社会和人性的复杂性认识准备不够啊！"

而和另外一个常常容易悲观的年轻人交流，我问她，"为什么对身边的美较少感知？"这个仅有二十多岁的姑娘告诉我说，"我父亲在纪委工作，我从小是看着《今日说法》长大的。"也许，这位在纪委工作的父亲看到了人性身上很多不可思议的"恶"，从而让孩子从小就提高警惕。

现在回想起来，我和这个姑娘的家庭教育恐怕都是不够全面的。我的成长历程和家庭教育背景让我对"恶"少准备也少防范，只是在一次次遇见时，颇为不解和震撼，因为儿时习惯性的模式只有爱，习惯性的选择去记忆爱，对人性中的丑陋不容易相信而且会有意识地选择遗忘，有时候甚至会在生活中扮演东郭先生的角色。当然，好处是对生活总充满乐观积极的态度，遇到伤害很容易自愈和平复。而这个姑娘的家庭教育也让这个姑娘遇人遇事太过悲观，未曾交往，已经警惕设防，不容易对别人打开心扉，不容易建立亲密关系。

今天反观，作为父母，利用身边或舆论中的新闻事件，在餐桌上给孩子不经意间聊些"丑"也是必要的。而在看着《今日说法》长大的这位年轻人的家教中，也很是有必要增加更多人类社会中的温暖和亮色。

社会学上有和谐论和冲突论之说，现在看来，其实，这个社会兼具和谐和冲突的一面。作为生活在俗世中的人，面对漫长的一生，需要能够感受美好、创造美好、传递美好，也需要辨识恶，需要有直面恶，敢于善于斗争的勇气和能力。

当然，丑陋和冲突还是两回事儿。在这个社会日趋多元化和差异化的背景下，我们看到冲突常见，很多时候，普通人生活中的冲突本身并无善恶之分，甚至冲突双方各有合理性，并不意味着谁美谁丑，但解决问题的过程同样可以分出高下：有的人一遇冲突，便想到自己被害，便罔顾事实和规则，去施害与人，这样的冲突处理方式自然需要被批判被摒弃了。但有些人则能够用理性的思维面对冲突，促进多赢，拥有化冲突为和谐的解决问题的思维，这同样是种值得倡导的"美"。

（作者系教育传播者与研究者）

同样是批评，为什么有的孩子会改正，有的孩子走极端

钱志亮

会批评的父母能够让孩子变得优秀，不会批评的父母只会"摧毁"孩子。批评的关键在于要让孩子有所触动。它不是让孩子认错，而是让孩子学会思考；不是让孩子认输，而是让孩子学会尊重。孩子犯错不可怕，但是父母要学会：让孩子改变、让孩子看到希望、让孩子有安全感，也让孩子学会承担。

知乎上有一个问题：

同样是批评，为什么有的孩子会改正，有的孩子走极端？

一个叫夏林的网友说：10岁以后我就失去了母亲，我体会了后妈的滋味，我特别明白"同样是批评"背后的差距。她将批评分为了"亲妈式批评"和"后妈式批评"。

比如：

做错了题目：

"亲妈式批评"：你这里做得不对，你要用心去学，学了以后去改。

"后妈式批评"：你这个都学不会，你真是个大傻子。

放学在路上贪玩不肯回家：

"亲妈式批评"：放学了就必须回来，太晚回家爸妈会担心的。

"后妈式批评"：就知道玩，一看就是个没出息的孩子。

网友说：我的亲妈严厉不善表达，但是一直在引导我成为更好的孩子。而我的后妈表面温柔，实际上总是在寻找我的错误，让我时刻觉得自己是一个多么糟糕的人。

是啊！有的孩子能在批评中去上进，是因为父母真的对孩子有着好的期待；而有的孩子会玻璃心、抑郁、走极端，是因为父母总是让孩子觉得"我是个糟糕的孩子"。会批评的父母能够让孩子变得优秀，不会批评的父母只会"摧毁"孩子。

尤其是这五种区别，真的会让孩子有不一样的"结局"。

一个让孩子自省，一个令孩子自卑

一位网友曾经说过，小时候，她性格内向，总被母亲骂作"闷葫芦"。后来，她有了几个朋友，母亲又开始挑剔她："少出去玩，一天天就知道出去鬼混。"一次，她的考试成绩下降了，母亲骂她："整天和成绩差的一起玩，能有多大出息？"

那时候她特别讨厌母亲，因为每次只要一有事，母亲总会对她无尽地指责和挑剔，让她充满了挫败感和无力感。东西买贵了骂她"乱花钱"，不打电话说她"白眼狼"……

她说自己就是个一无是处的废物，所以一直都很自卑。

有些父母的言行看似是对孩子的爱，其实是伤害。

一旦父母的评价中带着讽刺、挖苦、挑刺，很容易让孩子感到羞耻，会让他脑海里存在着"我就是个错误"的概念。接着就是自我贬低、自我怀疑，最终变得自卑。

蔡康永曾说："批评的目的在于打动对方，使得对方能认识到自己的错误，回到正确的轨道上，而不是贬低对方。"

是啊，批评孩子最关键的是要唤醒孩子内在的自省能力，只需要让孩子知道"我犯了错误"。不谴责、不侮辱，才能将错误变成属于他自己的经验。

哲学家梁漱溟的父亲在教育孩子上非常有智慧。

有一次梁漱溟将铜钱弄丢了，却找到别人大声吵闹。第二天，他的父亲在院子里一棵树杈上发现了这串钱，知道是他自己疏忽了。父亲没有斥责他，而是写了一张字条：有个小孩自己把钱挂在树上，却到处寻找，与别人吵闹。他看了纸条，赶忙出去寻找，果然在树枝上见到了自己遗忘的铜钱，顿时觉得很不好意思。

好的批评是：提醒和暗示，去激发孩子的自省能力，让孩子自己去寻找错误。

只有孩子自己意识到"我的行为很糟糕"，才更容易纠正不当行为，养成良好习惯，成长为一个严谨自律的人。

一个共情孩子，一个只会对孩子发泄情绪

我们经常见到这样的场景：

孩子犯了错，父母骂孩子："你说你怎么这么不省心！我整天这么累为了谁？你怎么还这么不懂事？"

下班回家看到孩子在玩手机，立马吼骂孩子，工作上的怨气、家庭中的怨气都一股脑地爆发出来。

这样的行为在教育中被称为"发泄型教育"。它最终会让孩子在父母愤怒的情绪里，忽视自身的错误而恐惧父母。

微博上有一个话题叫"易怒父母养出来的孩子"，一位网友总结的特点很扎心：

永远在取悦别人；

没有安全感，害怕被抛弃；

很容易玻璃心……

靠吼骂来批评孩子，并不能改变孩子，只会养成孩子的脆弱心理。批评孩子拼的不是父母的"蛮力"，而是"共情能力"。

在心理学上，共情就是一种体谅和关心，会对对方产生尊重和接纳，从而让对方感到愉悦的方式。如果父母能做到这些，会让孩子更坦然面对错误。

教育家贾荣韬分享过一个经历：

他的儿子骑自行车撞了一个小孩，花费了上千元的医药费。儿子由于害怕，不敢回家。他并没有着急批评，而是对儿子说："我特别理解你现在的心情，其实你不必太责怪自己，谁能不犯一点儿错呢？我知道你不是有意的，谁会无端给家里添麻烦呢？"

见父亲如此理解自己，儿子开始反思自己的错误："我要是骑慢点就能绕过那个孩子，也就能避免这次事故。"

"共情"就是一种温柔且有征服力的教育方式。

尤其是父母在对孩子说出"我知道"的那一刻：父母会看到孩子的无奈、脆弱；孩子会看到父母的接纳与关注，让他更有安全感。

会共情，是父母最有力量的教育。

一个是鼓励孩子，一个是否定孩子

一次，在餐厅看到一个场景：

吃饭时，一位妈妈严肃地质问女儿："为什么这么简单的题目都不会做？"见女儿不吭声，她又骂："你是猪脑子吗？这么不长记性！"妈妈不停地在数落，完全看不到女儿一直往角落里躲的动作。

有人说过，孩子未来的好与坏，全在父母的一张嘴里。

是啊，有时候父母毫无分寸地否定孩子，就如同一种"语言攻击"，会让孩子的大脑产生两种反应：一种是让孩子产生深深的自卑感，进而怀疑自己的价值感、存在感；另一种是贬低式的语言让孩子愤怒，为了维护自尊而反抗父母、叛逆，故意不听话。

美国前总统卡尔文·柯立芝曾说："将批评夹在赞美中。"即使是批评孩子，父母也应该先鼓励、再建议。

心理学上有一个"三明治效应"，它将批评分为三层：第一层，认同、赏识、肯定对方的优点或者是积极面；第二层，建议、批评或是不同观点；第三层，鼓励、希望、信任、支持和帮助。

它会将对孩子的批评夹在鼓励和肯定的中间，让孩子在愉悦的心情中去改变自己的错误。有一位妈妈是这样去批评孩子的，她的女儿因为沉溺于打扮自己，导致学习常常不在状态，妈妈看了很焦虑。

一天，她对着正在打扮的女儿说："每天漂漂亮亮地去上学，上课的心情都变好了呢。""要是每天你的作业也能完成得漂漂亮亮，那就更好了，妈妈相信这也难不倒你，对吧？"

女儿爽快地答应了，从那天起，女儿在学习上明显用功了。

批评，不是每次都要用负面、刻薄的语言。

正向的鼓励永远胜过负面的批判。

一个尊重孩子，一个摧毁孩子的自尊

有一次，儿子在姥姥家吃饭，不小心将餐桌上的盘子打翻在地，姥姥当着大家的面训斥儿子"没教养"，甚至在大家面前数落了很久。

后来，每一次去姥姥家，儿子都不愿意去，问他原因，他说："万一又被姥姥当众骂了怎么办，太丢人了。当着那么多人的面批评，真的让我很没面子。"

有教育家提到过，孩子3岁开始有自尊的感受，5岁的时候能感受到舆论的压力。因而每个孩子都是在意自己形象和尊严的。

孩子犯错，最忌讳当众批评，因为它犹如"剥"开孩子的外衣，让他羞愧、尴尬、无地自容。最终，伤害了孩子的自尊心，让孩子出现自暴自弃的消极心理，更加不听话、不上进。

香港情绪管理专家李中莹老师说，一个人维持生存的基本原动力，是他的"自我价值"。简单地说，就是自信、自爱和自尊。因此，就算孩子有错，也不要当众批评孩子，要保护他的自尊心。

席慕蓉小时候成绩并不好。有一次，席慕蓉考试考了第35名，她害怕妈妈责备，便偷偷将成绩单修改成了第5名。妈妈知道后，没有骂她，还温和地说："老师怎么这么不小心，把成绩单弄得这么脏，有些都看不清了。你明天问一下老师，再把成绩告诉妈妈。"她因为妈妈的话特别羞愧，最后主动承认了错误，还下定决心努力学习。

好的批评，不是让孩子感觉自己很糟糕。我们要在人前为孩子保留自尊，让孩子在私密中感受到关怀。被尊重的孩子，更有毅力去对抗错误。

一个是接纳孩子，一个是对孩子冷暴力

有一个女孩说："犯错以后，可以忍受父母的打骂，但却害怕父母不理我，这样的感觉会让我深深地恐惧。"女孩说，她曾经有过一次被妈妈关在门外的经历。

那一次，因为作业没写完，惹恼了妈妈，妈妈一气之下就将她关在了门外。女孩说，当时无论她怎么道歉、怎么砸门，一遍遍地喊着"妈妈，我错了"，都没有换来妈妈的心软。

她说那种感觉真的会让人绝望，潜意识里的被抛弃感会一直伴随着她。

批评孩子用"冷暴力"是最伤害孩子的做法。用"不理孩子"的方式，看似在逼孩子"就范"，其实是在否定孩子这个人。这种批评让他们感觉自己遭到了冷落和忽视，在某一次犯错里，他们深深地察觉到了"不被爱"。

孩子犯错，但却不是罪不可赦，父母要学会去接纳孩子的错误。

接纳是改变的前提，只有去正视它，才能彻底警示孩子。

一名 14 岁的男孩偷拿了报刊亭的书，父亲知道后没有骂他，而是对他说：人这一辈子都会犯错误，为这个错误我们也付出了代价，不要纠结在这个错误中，爸爸与你一起承担，好好学习和生活，以后不再犯同样的错误。

一次过失成了一个非常好的教育机会。父亲的话，每一个字都在告诉儿子：犯错后要学会去改变，学会承担责任。

是啊！犯错后要去改变错误，而不是去纠结错误。被正向看待的错误，更容易被改变。

看过一句话：批评的关键在于要让孩子有所触动。

它不是让孩子认错，而是让孩子学会思考；不是让孩子认输，而是让孩子学会尊重。

孩子犯错不可怕，但是父母要学会让孩子改变、让孩子看到希望、让孩子有安全感，也让他学会承担。

父母对错误的态度，就是孩子对人生的态度。

把爱、接纳、鼓励、认同、尊重融入教育中，唤醒孩子最大的潜力。

（作者单位：北京师范大学教育学部）

主题
七

告别拖延，
做好时间管理

时间管理不仅是一种技能，更是一种生活智慧。良好的时间管理能力可以帮助孩子提高学习效率，更好地平衡学习和休闲时间，从而提升生活质量和学习成绩。家长应该通过与孩子共同制定日程表、鼓励孩子自主规划时间以及进行实例教育等，帮助孩子学会时间管理。

如何让孩子成为时间的主人

谢 霞

给孩子金山银山，不如培养孩子养成时间管理的好习惯。让孩子从早睡早起开始，在确保精力充沛的前提下，每天优先完成最重要的事情，全身心地投入学习中，轻松致力于下一个高效、高质的任务。

为什么有的孩子半小时能完成的作业，却要耗上 3～4 个小时，不是在东张西望，就是在喝水、上厕所？还有的孩子为什么从早学到晚，又忙又累，作业还是写不完？这些情况让父母焦虑，最后难免会引起亲子关系的冲突。

那么，如何才能帮助孩子做好时间管理呢？

● **早睡早起是时间管理的基石**

睡得好，才能起得早！小学生每天睡眠时间应达到 10 小时，初中生应达到 9 小时，高中生应达到 8 小时。孩子的身、心和大脑得到修复和放松，才能实现轻松早起，开启精力充沛的一天。孩子是否曾经历过：晚上休息好，第二天早起发现昨天不会的某个题目，灵光闪现，迎刃而解。

早晨是大脑的黄金时间，可以做更多有价值的事情，提升学习效率。美国得克萨斯大学一项研究发现，"百灵鸟型"（早起）学生的成绩比"夜猫子型"（熬夜）学生高百分之一。可见一日之计在于晨，从早睡早起开始，方能事半功倍。

● **优先处理最重要的事是时间管理的核心**

时间管理大师博恩·崔西曾说："如果你必须吃掉两只青蛙，最好先吃那只最大的。"换言之，如果面临两项重要的任务，应该优先处理更重要、更紧急的那一项。生活中时间总能被各种各样的事填满，但人的时间和精力是有限的，凡事都要分轻重缓急，做到养成不假思索就"吃掉那只最大青蛙"的习惯。

面对"孩子想做的事"和"孩子必须做的事"，父母和孩子可以共同制订事情顺序清单，设定优先级别，在限定的时间内，学会厘清事情的重要性和紧急性，花最少的时间达到最佳效果，实现任务和目标，彰显孩子的价值。同时，让孩子逐渐明白时间的价值，使其主动成为时间的主人，愿意投入更多时间享受学习和其他兴趣爱好，让生活变得更充实。

● 专注是时间管理的灵魂

专注当下，一次只做一件事情，让精力有效地输出，在较短的时间内完成任务，增加时间厚度，是最有效的时间管理方式。全能少女冬奥滑雪冠军谷爱凌，分享管理时间的秘诀：当她做事时，会百分之百地集中注意力，学习时只关注学习，滑雪时就只想转体动作，沉浸在当下，在有限的时间内做到学习和滑雪两不误。

德国心理学家埃米尔·克雷佩林有一项 1 小时内连续做加法运算的作业实验，通过作业曲线的规律发现：孩子的专注力只能保持在相对较小的单位时间内，每段作业时间 15 分钟，中间适当地休息，学习效率达到高峰。

家长可以根据孩子的学习状态（通常孩子专注力上限是 45 分钟），设置两种模式提升专注时长。第一种是注意力不集中时，以 15 分钟为基本时间单位，共三个 15 分钟为一个学习单元，每 15 分钟短暂休息一下。第二种是专注力获得放松和恢复，即进入思如泉涌的学习状态，以 45 分钟为基本学习时间单位，中间休息 10 ～ 15 分钟，让专注力再次集中。

把握时间节奏，让孩子劳逸结合，使其保持高度专注状态，方能带领他们全身心地投入学习中，轻松致力于下一个高效、高质的任务。

给孩子金山银山，不如培养孩子养成时间管理的好习惯。让孩子的未来从现在开始，在确保精力充沛的前提下，每天优先完成最重要的事情，专注任务，激发孩子的潜能，让更多美好的事情发生在孩子身上。

（作者系湖南师范大学心理学硕士）

时间规划的"避坑指南"

赵　静

　　说到时间管理，我们常用的一种方法就是时间规划清单。作为家长，我们总是希望孩子能够通过做学习计划更好地管理时间。网上总有人晒年初计划与年终总结的对比，调侃自己诸多没能付诸行动的计划。那么，到底是哪里出了错呢？

让我们一起避开时间管理的那些坑，帮孩子制订一份真正有效的学习计划。

● 总量控制

还记得我上初中时，根据老师要求做了一份暑假学习计划。从早上起床的英语朗读，一直到晚上睡觉前的阅读任务，每天安排得比上学时还紧凑，各项任务之间只留 10 分钟休息。列计划时那种雄心壮志，就好像整个暑假都在我的掌控之中。很快，就上演了一出"第一天做计划太累，于是休息了一个暑假"的闹剧。

这是关于时间管理最常见的一个坑，就是安排得太满、太细，过于理想化。各种计划首先要考虑任务总量，把任务合理地分解到各个时段，而不能贪心地把时间排满。

避坑需要做到两点：第一，不要无上限地提高任务量，认为孩子所有的时间都应该用来学习，要意识到在完成学习任务的基础上，孩子还有很多其他的事情需要做、想要做；第二，不要纠结先玩儿还是先学，让孩子自己去感受，先完成任务是怎样的情况，先玩儿又是怎样的情况，相信孩子自己的智慧。

● 把玩儿列进计划

去年有一个考研的学生因为考试焦虑找我求助，自述在备考过程中因为压力而感觉到烦躁，学习效果非常差。然后又反过来因为学习效果太差而自我指责，于是又加重了焦虑。在这种恶性循环中反反复复，苦恼不已。

我问他："你平时是怎么安排自己的学习任务的？"他给我出示了自己在手机上做的学习计划，从周一到周末，时间安排得挺合理，也留出了比较适当的休息时间。于是我又问："你这个计划中没有安排学习任务的时间，你都用来做些什么？"他说："在计划的学习时间内，我因为焦虑，学习效果并不好，所以我会把学习时间延长，希望能有所弥补，所以一般休息时间也做不了什么，要么就是强迫自己坚持学习，要么就是在焦虑和烦躁。"

我跟他说："那既然这样的话，学习本身已经是每天必需的任务，就好像呼吸一样，我们就不需要再做什么计划了。我们不如反过来，做一个休息的计划，你想一想，你因为备考耽误了自己哪些爱好，可不可以每天留出一点时间来满足自己？如果你的爱好需要更大段的时间，那我们可以每周空出半天，或者一天的时间，就完全用来满足自己的爱好呢？"说到这里的时候，这个学生豁然开朗，欣然地跟我说："我明白了，我想我可以试试！"这个学生悟性非常高，不久之后，我就收到了他考研顺利上岸的好消息。

这是关于时间管理的第二个坑，以为只有学习是有用的，除此之外都是在浪费时间，导致了规划执行过程的窒息化。因为我们时间规划上出现的，都是我们认为对达成目标有用的事，而忽略了我们内在的其他需求。

这里同样需要做到两点：一是我们要意识到，玩儿和学习一样，都是孩子生命必需的一部分，一份有效的时间管理计划，要把玩儿和学习放到一起进行规划；二是要为孩子预留出应对特殊情况的空间，适当的弹性是确保一份规划可以被顺利执行的关键。

总之，时间的客观流逝不会随着我们的需要而改变，所以从某种意义上来说，我们是无法管理时间的。我们能够管理的，是在有限的时间里怎样高效地完成预定任务，制订学习计划是非常便捷而有效的方法。希望各位家长能够避开时间管理的这些坑，帮助孩子制订真正可执行的学习计划。

（作者单位：河北省保定市顺平县河口乡小学总校）

四象限时间管理法，
做"重要但不紧急"的事

杜福秋

正确的时间管理方法，应该由经常焦头烂额地处理"重要且紧急"的事和沉迷于"不紧急也不重要"的事，转向把所有核心精力都用于处理"重要但不紧急"的事上。未雨绸缪，才不会手忙脚乱，轻松面对困难。

孩子由小学升入初中，主要学科由语、数、英三科一下子增加到七八科。随着年级的升高，知识的难度和深度也在增大，需要投入更多的时间和精力。然而，时间仍然是每天 24 小时，没有给任何人增多，要做的事情却翻了好几倍。有的孩子就开启了熬夜模式，每天学习到深夜甚至凌晨，第二天艰难睁开双眼，爬起来去上学，上课时上下眼皮直打架。课后做作业时，因为课上犯困，注意力不集中，知识没有理解，做作业就会花上更多的时间才能完成。就这样形成恶性循环，陷入"忙茫盲"的境地——瞎忙导致迷茫、迷茫导致盲目、盲目导致瞎忙，渐渐地，就对学习产生了厌倦情绪，随之还会产生很多其他问题。

使用四象限时间管理法，说不定就能让孩子从"忙茫盲"的学习状态中抽离出来。把更多时间用于做重要但不紧急的事，有条不紊、轻松高效，学习效果非常好。

有一个教授在上课时，拿来了一个瓦罐和一个装满了石头的盘子，他把石头一块一块地放进罐子，直到不能放为止。然后，他开始问他的学生："这个罐子是否放满了？"

"是的！"学生们异口同声地回答。

"是真的吗？"教授又拿出一盘沙子，他把沙子倒进罐子，沙子流入大小石块之间的缝隙里。

接着，教授又问道："这次罐子满了没有？"

"没有！"学生们似乎明白了些什么。

"很好！"教授拎来一桶水，然后把水倒进了罐子。然后他指着这个装着石头、沙子和水的混合物的罐子又问大家："看了刚才的实验有什么启示呢？"

有人说，时间就像海绵里的水，只要你愿意挤，总还是有的。

教授点了点头，又摇了摇头，问大家："如果我不先放那些大石头，而是先放那些小石头、沙子或水，那结果又会是怎样呢？"

"如果那样的话，那些大石头就无法放进去。"

"对！这才是问题的关键所在。我们只有先把大石头放进去，才可以在空隙里放进许多小石头、沙子和水。同样的道理，我们在管理时间的时候也应该这样，在精力最旺盛的时候做最重要的事。什么是最重要的事？就是能给我们带来最高回报的事，最能帮助我们实现目标的事。"

美国管理学家史蒂芬·柯维在他的《要事第一》一书中提出时间管理的"四象限法则"，把事情按照"重要"和"紧急"两个维度进行划分，分为四个象限：重要且紧急、重要但不紧急、紧急但不重要、不紧急也不重要，我们将其分别比喻为大石头、小石头、沙子和水。

我们将孩子每天做的事，从"紧急"与"重要"两个维度，划分为四类，那它们分别都包含哪些事呢？

重要且紧急（大石头）：

明天考试，今天才复习；

明天寒、暑假开学，今天才做作业；

明天竞赛，今天才开始准备；

明天考单词，今天才开始复习；

为了写出好作文，现在才临时抱佛脚看美文，找金句、找素材；

……

重要但不紧急（小石头）：

日常复习；

阅读；

成语、诗词、金句积累；

错题处理；

背单词；

提升学习能力；

优化学习方法；

运动锻炼；

认真听课；

……

紧急但不重要（沙子）：

无谓的电话；

附和别人的期望；

手机停机，告诉你该充话费了；

周末，同学突然找你去他家打电玩；

……

不紧急也不重要（水）：

发呆、上网、闲聊、吃零食、打游戏、刷抖音、看闲书……

很多孩子之所以忙碌却效率低下，很重要的原因就是把太多时间用在了"重要且紧急"和"不紧急也不重要"的事上，但这些事是不创造核心价值的。

正确的时间管理方法，应该是由经常焦头烂额地处理"重要且紧急"和沉迷于"不紧急也不重要"的事，转向把所有核心精力都用于处理"重要但不紧急"的事上。未雨绸缪，才不会手忙脚乱，轻松面对困难。四象限时间管理方法不但适用于学生，同样也适用于家长管理自己的工作与生活时间。

（作者单位：首都师范大学附属回龙观育新学校）

时间管理三要素

公　平

　　时间对我们每个人都是公平的。无论我们是否愿意，时间不可以被开源，时间的供给都是固定不变的；无论我们是否愿意，时间不可以被节流，时间的流逝都是不可阻挡的；无论我们是否愿意，时间不可以被替代，金钱地位都换不回来时间。在我看来，要想做好时间管理，需要掌握三个要素，分别是设定目标、要事第一、高效执行。

　　时间管理的第一个要素是设定目标，是指做任何事，都要设定目标。对我而言，设定目标有三个原则：一是内心认同，二是长期主义，三是回归本质。首先目标必须是自己内心真正认同的。目标即使是来自上级、家人或社会的期望，一旦变成个人目标时，必须获得个人内心的真正认同。其次目标必须是基于长期主义角度进行设定的，从长期角度考量，是值得持续投入和可以获得持续回报的。最后目标必须是回归本质的，必须符合规律，符合事物发展的本质。

内心认同的、长期主义的、回归本质的目标，可以给我们正向的反馈和持续的力量，让我们在遇到困难时，不轻易放弃，想办法去解决问题；而被动接受的、短期的、急功近利、投机取巧的目标，很难长期执行下去。比如，在家庭教育方面，可以设定培养孩子的目标为自主、积极、乐观、健康等，这是真正基于孩子长期发展和人生本质角度考虑的目标，而不是和邻居攀比之后设定的目标。

时间管理的第二个要素是要事第一，即重要的事情永远优先级第一。任何事情，都可以从重要性和紧急性两个维度进行划分归类。重要且紧急的第一象限的事情，要立马就办；重要但不紧急的第二象限的事情，要有条不紊地办；不重要且不紧急的第三象限的事情，要有控制地办；不重要但紧急的第四象限的事情，坚决不要办。重要且紧急的第一象限的事情，比如看病、救急，对长期及当下都有重大且紧急的影响，必须没有任何借口和拖延，立刻就办。重要但不紧急的第二象限的事情，比如说健康管理、个人提升、家庭教育等，都很重要，但又没那么紧急，需要有条不紊地按计划去办。比如我近期的安排是每周一、三早晨看书听课，每周二、四晚上跑步健身，每周六户外越野，每周日陪伴家人。这样的计划，有时候临时有事不能执行，也没关系，要接受自己执行得不完美，才能够让自己的计划长期地执行下去。最关键的是要继续执行，不要放弃。不重要且不紧急的第三象限的事情，比如追剧、刷手机、玩游戏、娱乐等，这些虽然是时间杀手，却可以给我们即时满足，给予我们放松、愉悦和喘息的机会，这也是非常必要的，但要有控制地办，不能太过放纵。比如我会安排自己晚饭时间看半小时娱乐八卦新闻，感受一下世界的丰富多彩。不重要但紧急的第四象限的事情，比如没必要的社交和人情往来，既浪费时间又浪费精力，让自己又忙碌又盲目，坚决不要办。

时间管理的第三个要素是高效执行。

高效执行有三个小技巧，一是番茄工作法，二是避免完美主义，三是并行任务。

番茄工作法，是指安排出 25 分钟的专注时间，不处理其他事情，专注于当前的工作。25 分钟之后，再去回复消息、看手机或者处理其他需求。这样可以保证这 25 分钟之内的高效工作。每当有重要任务需要完成的时候，我和伙伴们都会用番茄工作法。避免完美主义，即在遇到创新性、有难度的任务时，第一版工作成果不要给自己预留太多时间，要尽快出炉一个不那么完美的版本，以便后续快速改进。当然，常规的、重复性的工作，就要要求自己一次做好。并行任务，是指利用常规的碎片时间，并行安排一些任务。比如每天上下班通勤时间可以听讲座拓展一下信息，健身的时候可以听音乐放松，把孩子送去踢球后自己顺便跑个步等。

时间管理的技巧，不一定要很多，选择适合自己的三到五条，重复执行就好。希望这些技巧，可以让我们的内心更丰盈、行动更积极，让我们做自己想做的事，成为自己想成为的人。

［作者系培识（北京）技术有限公司 CEO］

阅读手记

主题
八

培养优雅
生活者

生活是一门艺术。我们要培养孩子在日常生活中发现美、感受美的能力，使其面对忙碌的学习、工作时能从容不迫。优雅的生活者善于从生活的点滴中汲取智慧，将每一段经历转化为内心的丰盈与成长。培养孩子成为向美向善的优雅生活者，可以从日常小事入手：开展一次家庭阅读活动，聆听一支美妙的乐曲，这些都是带领孩子追寻生命的真善美的方式。

培养优雅生活者

唐江澎

优雅生活，绝不是只关乎学生个体的优雅风度、精神气质的小事，它关乎的是我们整个民族的精神品级、审美品位，更关乎我们整个民族的创造力和想象力。

● 优雅，与经济地位无关

在全国两会委员通道上，我提出的"好的教育应该是培养终身运动者、责任担当者、问题解决者和优雅生活者"引起了社会各界的广泛关注。我发现，大家对"终身运动者"的认同度最高，几乎没有争议；对"责任担当者""问题解决者"也没有多少争议，但对于"优雅生活者"却有不同的声音。

质疑一：优雅生活，是不是只针对发达地区、经济达到一定程度的人士所提出来的一种生活状态？对于落后地区的人们来说，提优雅生活是不是太过分了一点？

这其实是一种误解。我以为优雅其实与经济地位与生活的区域没有关系，它是一种审美的素养、审美的素质。哪怕是我们处在一个落后的地区，同样可以欣赏山川自然之美，同样可以欣赏作品中的形象之美，同样可以聆听音乐之美。所以，审美与经济地位无关。

我常说，一个孩子校服穿得干干净净的，他能够欣赏自然之美，能够欣赏艺术之美，他能够接受良好的审美教育，就能够成为优雅的生活者。

质疑二：现在的高中学生课业负担这么重，学习压力这么大，甚至连睡眠时间都无法保证，我们再谈"优雅生活"，对孩子来说是不是太过于奢侈了？

我曾经应董卿之邀参加了央视《朗读者》节目的拍摄。在现场，董卿也代表一部分听众向我提出了这样的问题。我对她说，其实优雅与生活的紧张和繁重程度也没有直接关联。在荧屏上，我们见到的你总是光彩照人、优雅无限。但这次拍节目我真正地走近了你的生活后发现，原来你是那样的繁忙劳碌，甚至连吃饭的时间都没有。但繁忙紧张、快节奏、高压力的生活，影响了你的优雅表达了吗？

我觉得，人应该追求一种境界。要试图在我们的生活中，以审美的眼界和方法来表达对生活的感受，来表达我们生活的一种状态。我想，高中生处于人生成长的关键期，他们应该能够把握好一种节奏，哪怕是在紧张、高强度的学习活动中，也一样应该有机会去欣赏艺术的美，去表达艺术的美，去用艺术感受来释放他们生活的压力，他们一样可以非常地优雅。

● **何为优雅生活者的内涵？**

关于"优雅生活者"的内涵，我结合学校的百年校史及育人实践从四个方面加以阐释。

第一，要对世界保有敏锐的感受力，善于发现美、体验美、乐于表达美。罗素在《教育与美好生活》这本书里说，奠定一个伟大的人格，有四大基石：第一是活力；第二是基于仁慈的勇敢；第三是智慧；第四是敏感。在这里，敏感这个词并不是我们所说的心理上面的一种过度的反应，不是林黛玉那样的多愁善感，它是指对外界所释放出来的美的信号有一种敏锐的感受力。是否对美有这样敏锐的感受力是我们能不能发现美、体验美、享受美、创造美的一个前提。

同样对着红叶黄叶，同样对着高山流水，有的人感慨万千，有的人无动于衷……这个世界上从来都不缺少美，而是缺少发现美的眼睛，缺少感受美的那种敏锐的心灵。

第二，要有一种优雅者的心态，那就是能够欣赏卓越。如果任何人的优秀都会给你带来伤害，你不会成为优雅者，你将会生活在自己为自己制造的那种人生的窘迫当中。面对世界应该以笑脸相对，要有活泼愉悦的态度，让笑永远洋溢在优雅者的脸上。笑是我们面对生活所展现出来的自信，也是我们的一种生活态度。

第三，要拥有幽默素养，心态平和从容。幽默力，是世界很多国家在培养学生核心竞争力时都会关注的一个词语。对于整个民族来说，幽默是一种民族精神的舒展，是一种民主的环境和氛围。而对于个人来讲，它不但是一种豁达，一种自信，更是一种润滑剂。因为幽默，我们化解了许许多多的纷争；因为幽默，我们向世界呈现出了我们生活的优雅和美。生活优雅者应该是平和、从容的，他不会以太急切、太功利的要求来扰乱自己的生活状态。他总是那么云淡风轻，总能够有节奏地行进在生活的道路上。

第四，拥有高雅的情趣和崇高的精神追求。离开了对崇高的追求，不可能成就一个优雅生活者。优雅生活者还应该注重生活的细节，他应该以优雅的仪态出现在世人面前。他所关注的是自己的一言一行是否能给他人给世界带来美感、带来欢乐。

● 学校如何开展有效的审美教育？

在当前的教育中，由于升学压力的影响、应试教育的牵拉，在一些学校里歌声与学生远离，审美的教育已经被严重地弱化。没有体验就没有美育，没有创造就没有美育。我认为推进高中美育教育应该把握两个基本原则：

第一是体验性。学校应该开设众多体验性的课程，让学生开口唱、亲自演、动手画，让他们在体验当中提高审美素养，发展他们的感性思维。我们曾经从艺术与生活、艺术与科技、艺术与情感、艺术与社会 4 个维度开出众多的选修课程让学生体验。

第二是专业化。人类审美教育的历程也告诉我们，其实从审美经验发展成为审美的理性需要经过长期的专业训练，要实现深度学习。

对于我们这样一所处在城郊接合部的学校来说，我们许多的学生并没有接受过专门审美训练。另外，在高中阶段，如何在课时很短的时间里，使学生历经专业的艺术训练，提高他们的审美素养，是摆在我们面前的一大难题。显然，让学生再去绘画、弹琴，时间是远远不够的。于是我们选择让学生从接受专业的合唱训练开始，用自身的嗓音，这种人身体自带的最美的乐器来感受美、体验美、创造美和表达美。

在我们学校，每一个班都有自己的班歌。在每年的合唱节上，每个班级的孩子都会用多声部来唱班歌。我非常高兴地发现，因为经历了严格的合唱训练，孩子们发声的方法、言谈举止，甚至他们的精神气质也都发生了喜人的变化。更重要的是，有一群孩子因为在合唱中经历了严格的美的教育，将合唱变成了自己的专业素养与专业爱好，变成了他们选择大学专业时的一种选择。

我常常想：一个人如果能够在高中确立一种人生的志向与爱好，并且一生为自己的爱好而努力地工作，那该是多么幸福的一件事。

其实今天的孩子并不缺少想象力，也不缺少创造力，只是他们的学习空间过于拥塞，已经被无休止的刷题全部填充满了。"种瓜得瓜，种豆得豆"，只用刷题的方法永远不会培养出有审美素养的一代，也永远不会培养出优雅生活者，更不会培养出能够把我们未来的世界变得更美好的一代新人。

在我看来，优雅生活，绝不是只关乎学生个体的优雅风度、精神气质的小事，它关乎的是我们整个民族的精神品级、审美品位，关乎我们整个民族的创造力和想象力。一个现代化强国的国民，拥有优雅的精神气质和审美品位，这才是我们国家真正的软实力。

（作者单位：江苏省锡山高级中学）

带孩子去听、去感受、去共鸣

张　璐

音乐在人生活中，其实不仅仅是美妙的感觉，很多时候，一条条的旋律、一个个的节奏、一种种的调调，它带给我们的是满足感、幸福感，更是精神的指引与启迪。

如何提升音乐素养？我们应该先来"听"音乐。在孩子们的心中，音乐应该就是"找呀找呀找朋友""一根手指转呀转呀转"和在蹦蹦跳跳游戏中的欢乐舞动；在青少年的记忆中，音乐往往会带着点儿情绪的表达与释放，有《中学时代》歌曲中的青春向上，有《春游》曲调里的轻松美好，踏着足迹、伴着成长；到了中年，音乐似乎更多的就是故事了，在画面与人物中多了一份沉淀与淡然。音乐，作为人生的艺术，承载着我们每个人心中的情感，或是旋律片段，或是歌词语言，当音符跳动时，我们会不由自主地跟着哼唱、跳动、共情——我们都是热爱聆听的人。按照年代、风格、流派、类型等不同的方式选择听音乐，在海量的音乐资源库中畅游，让听音乐成为一种生活习惯，让分享与交流音乐成为我们每天工作与生活中开心的话题。从对《保卫黄河》《我们走在大路上》的欣赏与理解，到新时代我们听到《领航》，唱起《不忘初心》；从西方古典音乐的贝多芬、莫扎特，延伸到我们自己的民族音乐。跟着自己的爱好兴趣，结合时代的发展、环境的变化以及个人的经历，在听与唱之间，随心而想、随心而听，这就是听音乐的模样。当然，如果在这个过程中，能够主动尝试学习一些基本的音乐知识，如旋律音高、节奏节拍、乐曲结构等最基本的音乐形态，或试着去了解一些创作者的背景年代、创作缘由，也会有助于我们进一步地理解音乐本体与情绪。

提升音乐素养，要敢于尝试与拓展。音乐能够抒发感情、表达自我的情绪，能够与他人交流、产生共情，也能够感天动地，与祖国同频共振。正因为如此，提升音乐素养本身就是提升自我认知、审美情趣及人文素养的重要路径。高尔基说，在听音乐时，要用自己的经验、印象和知识的积累去补充。我们不能只满足于自己的爱好与认知，要敢于尝试新的音乐类型、作品、人物以及音乐现象。一方面，我们要尽可能多地了解、聆听经典的中西音乐作品、世界民族音乐作品，去听、去感受、去共鸣人类的共同音乐智慧；另一方面，我们要试着让自己接受新鲜的事物与变化，在面对流行音乐、轻音乐、音乐剧、舞台艺术等当下多元化的音乐类型时，不妨多迈出一步，给音乐一个机会，也为自己开拓更多与音乐相关的可能。正如贝多芬所说，音乐应当使人们的精神爆发出火花。音乐在人们的生活中，其实不仅仅是美妙的感觉，很多时候，一条条的旋律、一个个的节奏、一种种的调调，它带给我们的是满足感、幸福感，更是精神的指引与启迪。

　　提升音乐素养，还要借助科技的高速发展，在善用与选择中，增强自己的辨别能力。1877 年，爱迪生发明了留声机，对于音乐这样一门流动的、时间的艺术而言，具有重要的里程碑意义。20 世纪 60 年代到 21 世纪初，音乐影像志兴起与发展，通过视频、剪辑等方式，对音乐的声音、画面与动态变化进行记录与保存。21 世纪以来，网络技术快速更迭、ChatGPT 的快速浸入——科技的发展，也总是会给音乐带来无限可能性。网络新媒体更是作为信息传播的重要载体，用一种观看成本低、代入感即时的方式悄然地走进了千家万户。我们要带着孩子学会善用这些宝贵的资源，让其起到对孩子们的正向引导作用。

　　提升音乐素养，也要加强对于音乐的理解，尝试去感受、体验与思考音乐的美在哪里。音乐是一门听觉艺术，但从某种程度而言，音乐也是一种人类行为。在我国多民族文化语境中，音乐作为符号往往承载着本民族、本地区的文化内涵。维吾尔族的十二木卡姆是一种集歌、乐、舞于一体的大型综合古典艺术形式，它的美不仅在于复杂多样的艺术表达，更在于文化的记载与传承；《玛纳斯》作为柯尔克孜族的英雄史诗，既有历史的反思，也是柯尔克孜族人民精神的顶峰，也因此在 2009 年被列入联合国教科文组织"人类非物质文化遗产代表作名录"。我们要通过一个个曲子背后的故事，让孩子们理解，音乐不是孤立存在的，每一部音乐作品的创作、传播甚至是"流变"，都有其特定的文化语境，从而体会在中华民族共同体意识下，"各美其美、美美与共"的多民族文化交流交融的生动景观。

　　1924 年，意大利作曲家普契尼在歌剧《图兰朵》中运用我国《茉莉花》的音乐素材，于 1926 年首演取得巨大成功，从此《茉莉花》的旋律飘香世界。说到底，音乐是我们的，也是世界的，更是人类的精神馈赠，让我们带着这样的情感与认知，带领孩子提升音乐素养，体会音乐的魅力吧。

（作者单位：北京师范大学艺术与传媒学院）

智慧陪伴和引导，让孩子们爱上音乐

卜晓妹

孩子需要陪伴，孩子年龄越小，来自父母的陪伴就越重要。陪伴不是在孩子身旁冷眼旁观，也不是强行要求孩子听从你的指令。有效的、智慧的陪伴才是最重要的。

如果你的家中有一个正在学习音乐的儿童，或是想要学习音乐的儿童，那么这是一封写给你们的信。我是一名音乐教师，也是一个普通音乐学童的家长。我想要分享给大家的是，在几十年的音乐教学工作中，在和孩子们一起成长中，所看到的、学会的、总结的一些经验。读过之后也许你会产生一些更好的想法、更珍贵的智慧，并在未来由你告诉更多的人。

音乐，是一个美轮美奂，但有些虚无缥缈，抓不住也掌控不了的事物；是一个光彩耀眼，同时又具体到有时候极为枯燥的事物。它，不仅仅是一门学科、一项技艺，而且是自古以来引人向美、引人向善的一个重要情感表达手段，是建立健全人格的重要方式之一。面对社会的快速发展，现在的家长压力格外大。每个爱孩子的父母都希望自己的孩子在未来拥有美好的人生，但我们的孩子在未来很可能会遇到我们今天完全无法想象的境遇，唯有一颗好学的心、一个自信的灵魂、一双审美的眼睛，才能支撑他们在未来走得更远。在这封信中，我想要告诉大家的是两个让我在教学中印象深刻的词语："陪伴"和"引导"。

孩子需要陪伴，孩子年龄越小，来自父母的陪伴就越重要。陪伴不是在孩子身旁冷眼旁观，也不是强行要求孩子听从你的指令。有效的、智慧的陪伴才是更加重要的。

如果你喜欢音乐、向往音乐，同时也希望自己的孩子有热爱音乐艺术的灵魂，那么你可以尝试用一些方法使孩子爱上音乐。可以试着让《摇篮曲》帮你安抚睡梦中的婴孩，让《花好月圆》成为家庭节庆时的背景音乐，可以让《加州旅馆》成为游玩车程中的欢乐合唱；你甚至可以让音乐代替起床铃响，让音乐伴随着晚饭后家人坐在沙发上的畅聊……如果你希望你的孩子不只是会欣赏音乐，更能够借助音乐培养高度的专注力、自信的表现力和坚定的毅力，那么给学龄儿童选择一件乐器可以更好地帮你实现这个愿望。

我在这里并不想讲郎朗和他的父亲拼尽全力的故事，因为也许你还没有打算将自己的孩子培养成一个著名演奏家，但你一定不希望他们的学习半途而废，甚至是讨厌音乐。那么有效的陪伴、智慧的陪伴就显得更加重要了。有效的陪伴首先包括帮助孩子树立坚定的学习信念，培养孩子面对困难时不轻言放弃的精神；其次还要有固定的时间、结构化的计划，例如每天固定的时间练琴，有计划地针对每个部分进行拆解练习，等等。小孩子的注意力时间短，可以尝试经常变化练习方式；上课时最好认真聆听老师的授课过程，但不要完全替代孩子去记录老师的要求；课后，经过老师的推荐，获得一些可以作为经典的版本，让孩子时常聆听；还要培养孩子主动回忆老师的要求，老师的动作、音色和情感表达，让他根据自己的笔记去思考、去练习；鼓励孩子选择一些他自己喜欢的小作品，和老师协商好，作为孩子练好大作品之后的奖励；等等。多思考一些有趣的方法，可能会使你的陪伴更加有效。

音乐学习需要陪伴，更需要引导。怎样引导进入青少年的孩子，使他们对音乐保持兴趣其实更为重要。我们总是格外重视儿童的兴趣培养，而忽略对于青少年的兴趣保持的关注。随着青少年思想的逐渐成熟，他们的自我意识逐渐形成，培养其良好、向上的自我认知变得更为重要。青少年往往会因为喜欢某个教师从而开始喜欢某个学科，甚至因为获得了一次鼓励和表扬，从而找到自我价值，更加喜爱某个学科。对于音乐的学习更是这样，很多小时候在父母陪伴下学会的乐器演奏，在青少年时期如果继续采用同样的方式进行学习，其效果可能会适得其反。因为这个阶段的孩子常常会因为自我意识的形成，开始反抗父母的意志，进而完全放弃音乐的学习。

以往我们总是从成才要趁早的角度培养我们的孩子，而且总是过早地进行职业化分流，但随着社会的不断进步，人类寿命的不断增长，我们培养下一代则需要更为长远的眼光。我们可以看到非常多的音乐家、艺术家在学习音乐的时候，有着很长的艺术生命。因此很多事物的学习，都不应只是几年时间，而是需要一生去不断努力。那么，家长和老师良好的引导在青少年阶段就尤为重要，培养他们对于音乐产生长久的热爱，比获得短暂的成绩更重要。

引导的方式有很多。首先，可以鼓励孩子设置短期目标和长期目标，并将孩子努力的结果与快乐、幸福相挂钩。例如在解决了一个乐曲的技术难点或是一堂良好的回课之后，及时给他一个快乐的击掌、一个幸福的拥抱。但这里并不建议家长使用物质化的奖励，物质奖励往往会使得孩子变得更加功利化。其次，可以给孩子提供更多展示自我的机会，比如家庭朋友的聚会上，学校的联欢会中，周末人头攒动的公园里，都可以成为孩子展示的小舞台。而且不一定每次都要以独奏的形式进行，与他人合作表演也是非常好的方式。这样，他们不仅可以把自己的努力展示给更多的人看，而且还可以学会关注他人，学会与他人配合。表演并不只是为了获得别人的掌声和赞誉，更重要的是锻炼孩子勇敢展示自我，面对人群时的勇气和自信。最后，可以教育孩子多去发现他人和自己的优点。孩子能够看到别人的优点，才有进步的空间；能够看到自己的优点，才有继续努力的动力和信念。现在的国内外艺术活动有很多，家长们可以多带孩子参与这些比赛、游学活动。这不仅可以增加孩子练琴的动力，而且还可以和更多的同龄人进行交流互动。现在的很多比赛都设置了规定曲目，相同曲目的演奏，家长可以引导孩子仔细观察自己与他人的不同点，学习他人优点的同时，也发现自我长处，获得更多的自信。引导与陪伴，有相同之处，它们都是父母智慧的体现；但它们又不尽相同，引导意味着更多给予孩子以选择的权利和自由，给孩子更多的空间，让他们了解到音乐的学习是源于自己的选择。

我们倡导学习音乐，是因为它是一种情感表达的方式。我们希望通过音乐，让孩子了解并理解我们的爱，也学会爱自己、爱别人。

陪伴他们，引导他们，让我们的孩子爱上音乐吧！

（作者单位：北京师范大学艺术与传媒学院）

带孩子们去听音乐会吧

张艺耀

当我们带孩子去参加音乐会时，不仅是给他们提供了一次欣赏音乐的机会，更重要的是为他们创造了一个良好的音乐氛围，让孩子有机会沉浸式地享受一段音乐之旅。

音乐会不仅是场演出，还是一次亲身体验音乐的机会，孩子们能够近距离感受乐器的声音、观察音乐家们的表演技巧，以及欣赏到音乐所传递的情感。这样的经历能够激发孩子们对音乐的兴趣，以及探索音乐的欲望。

我们应根据孩子的年龄和兴趣，筛选出适合孩子的音乐会。当然也有些是专门为儿童设计的音乐会，这些音乐会通常以生动有趣的方式呈现，如儿童交响乐团的演出或儿童音乐剧等，这种类型的音乐会能够快速吸引孩子们的注意力和好奇心，让他们更容易地融入音乐世界。

音乐会开场前，我们可以向孩子介绍音乐会内容及其演出曲目，或提前通过绘本、音乐欣赏录音或视频等方式让孩子了解相关背景知识，这样做能提高孩子们对音乐会的期待值，进而更加主动地参与其中。在聆听音乐会时，我们要给孩子提供一个安静专注的环境，提前和孩子沟通，告知他们在音乐会上需要保持安静并专心聆听的同时，我们也应当以身作则，给孩子树立一个好的榜样。音乐会结束后，我们可以与孩子交流互动，一起回顾和分享他们的音乐体验。鼓励孩子们用简单的语言表达自己对音乐的感受和理解，询问他们喜欢哪个乐器的声音或对哪首曲目有感触等问题，从而增强孩子对音乐的参与感和表达能力。

除了听音乐会的方式，我们还可以利用其他机会给孩子营造学音乐的氛围。例如带他们去音乐学院观摩课堂，参加音乐工作坊或者音乐营地等活动，让孩子更深入地观察音乐老师的教学方法和学生们的演奏表现，了解音乐的学习和创造过程，近距离感受音乐学习的乐趣和挑战。此外，我们还可以在家中为孩子营造一个良好的音乐氛围，准备一台音乐播放器，播放民族器乐、古典音乐、流行音乐等多种类型的音乐，让孩子接触不同风格和文化背景的音乐，鼓励孩子参与到音乐欣赏中，积极表达对音乐的感受和理解。在家中放置一些简单的乐器供孩子尝试也不失为一种好方法，如小型键盘、口琴或鼓等，让他们不出家门便能体验到乐器的声音和演奏的乐趣。

良好的音乐氛围能激发孩子们学音乐的热情。在音乐的熏陶下，我们可以尝试带孩子参加唱歌比赛、家庭音乐会或者合唱团等音乐活动，增强家庭成员之间的互动和合作，培养孩子对音乐的热爱和自信心。同时，我们还可以在家庭中举行音乐活动，让孩子更加接近音乐，与家人一起共享音乐的快乐。

当孩子对音乐产生兴趣后，可以结合古诗词的吟唱来促进他们开口唱歌。例如，在唱歌的初级阶段可以引导孩子一起唱唱《水调歌头》这首脍炙人口的古诗词。《水调歌头》是宋代文学家苏轼创作的一首词，词句节奏韵律明显，非常适合吟唱。

明月几时有，把酒问青天。

不知天上宫阙，今夕是何年。

我欲乘风归去，又恐琼楼玉宇，高处不胜寒……

这段词通过押韵和平仄的节奏给人一种朗朗上口的感觉。父母可以引导孩子从跟着节奏念诵开始，押韵和平仄的节奏有助于孩子们理解音韵的重要性，同时还能培养他们对音乐节奏的敏感度，对词句熟稔于心时再尝试用歌声来表达词句中的情感。当孩子们开口唱歌时，引导他们关注音韵和旋律的变化。例如，第一句词句"明月几时有"中，需保证"明"字的清晰度，让孩子们想象明亮的月这一画面；在第二句词句"把酒问青天"中，可以适当调整音调和节奏来体现诗人的情感。

通过吟唱《水调歌头》，孩子们不仅可以感受到诗词中音韵和旋律的魅力，还能培养他们的音乐表达能力和音乐鉴赏能力，由此激发出孩子们的创造力和想象力，让他们更主动地参与到音乐的世界中。除了《水调歌头》之外，我们还可以选择其他适合孩子年龄和能力水平的古诗词，如《登鹳雀楼》《临江仙》等以节奏感和旋律感为基础的古诗词，来帮助他们开口唱歌。

　　最后需要强调的是，让孩子开口唱歌和接受艺术熏陶需要持久的耐心和努力，通过让孩子感受音乐的美妙，激发他们学音乐的兴趣，帮助孩子发掘自己的音乐天赋，结合古诗词吟唱逐渐乐于唱歌、善于唱歌、敢于唱歌。毫无疑问，最重要的是，音乐对孩子们的成长和综合发展将起着潜移默化的积极促进作用，值得家长们努力。

（作者单位：北京师范大学艺术与传媒学院）

指导孩子阅读的五个要点

肖远骑

法国的笛卡儿说："阅读所有的优秀名著就像与过去时代那些最高尚的人物进行交谈，而且是一种经过精心准备的谈话。这些伟人在谈话中向我们展示的不是别的，那都是他们思想中的精华。"

● 为什么要读书？——培育高贵的气质！

以色列是世界上最重视读书的民族之一。每个家庭从小就教育孩子安静地读书，每当家长给孩子买回一本书，就会在书签上留下这样的话："孩子，如果你在三天之内看完这本书的话，你将可以获得一本更棒的新书，选择权完全归你，还会有一件神秘礼物和新书一同出现。"因为以色列人重视读书习惯的培养，这种爱读书的风气渐渐从成年人身上传到了下一代。有的以色列人刚开始教孩子读书时，会在旁边放一罐蜂蜜，每读一句，就让孩子舔一口蜜，意思是让他们明白读书是一件甜美和快乐的事。所以，犹太民族是世界上了不起的民族，出现了众多精英人才。

这样说来，每个人的成长，不管是教育家、艺术家、军事家、哲学家，尽管各自的命运不一样，但他们的成功，都指向一个点：读书对人的影响。我们所有的人都是这样，尽管有的通达，有的失意，有的沮丧，产生差异的原因会很多，但有一个原因不可忽视，这就是他读书的经历！这是我多次呼吁要读书的原因。读书使人美丽，真正的美丽靠什么，真正打动人的形象是什么？是内在的气质。气质从何而来？古人早就告诉我们："腹有诗书气自华。"因为读书会让你变得自信而轻松、优雅而从容，这就是气质，就是永不衰变的美丽。所以全国政协副秘书长朱永新说："一个人的阅读史就是他的精神发育史！"

● 读什么书？——读可供一时和可供一世的书

很多家长不知道在家庭中如何引导孩子读书。我认为，把好东西在不恰当的时候送给孩子，这是家长最容易犯的错误。读书也是如此，让三年级以下的小孩子读《红楼梦》会伤了他"读书的胃"，一旦受伤了，他就再不喜欢读书了。古人讲"少不看《水浒》，老不看《三国》"是有一定道理的，这就告诉我们：读书需要指导。

关于阅读，我认为一般人要读两类书：一是读人之常见之书，既能娱乐心情，又能满足和他人交流的需求；二是读专业需求之书，满足职业需求，实现人生理想。英国的约翰·罗斯金也说，所有的书都可分为两大类：只供一时所读的书和可供一切世代阅读的书。古罗马的塞涅卡说，如果想从阅读中获得值得你永远铭记在心的知识，你就应该花更多的时间去研读那些无疑是富有天才的作家们的作品，不断从他们那里取得养料。读书跟谈恋爱一样，对别人的选择总是感到吃惊。

所以，关于读什么书的问题，我的想法有三点：一是个人的喜好；二是名家作品和经典；三是在有时间和精力的情况下，也读点杂书。总之，读书我们要读好经典，也要和时代同步，今天你就要读懂人工智能、物联网、元宇宙……

法国的罗曼·罗兰说："凭感情去读自己喜欢的书是一种享受，所得到的是一种灵魂上的涵泳与自由自在，和一种被了解、被同情的感受。"法国的笛卡儿说："阅读所有的优秀名著就像与过去时代那些最高尚的人物进行交谈，而且是一种经过精心准备的谈话。这些伟人在谈话中向我们展示的不是别的，那都是他们思想中的精华。"总之，名著之多，我们已经无暇一一问津，但要相信前人的选择。一个人兴许看错，一代人也兴许看错，而整个人类不会看错。这也是历史的经验。

● **怎样去读书？——将厚书读薄，又将薄书读厚**

我认为人们读书的方法通常是：先读目录，找路径；后读内容，求知识。我们要学会把厚书读薄，把薄书读厚：《论语》读出一个"仁"（"己所不欲，勿施于人"）；《老子》读出一个"道"（"道法自然"）；《庄子》读出"逍遥"（"齐生死""齐贵贱"）。我还提出读书有三个层面：读知识、读智慧、读人生。

古人朱熹说过，读书譬如饮食，从容咀嚼，其味必长；大嚼大咽，终不知味也。叶圣陶也曾说，读书只是达到个人目的许多手段之一。要使书为你自己用，不要让你自己去做书的奴隶。茅盾在《谈独立思考》一文中说："不读书者不一定就不能独立思考；然而，读死书，死读书，只读一面的书而不读反面的和其他多方面的书，却往往会养成思考时的'扶杖而行'，以致最后弄到独立思考能力的萎缩。"

那么，在家庭中，如何指导孩子读书？我认为有五个要点：

一要养成读书习惯。把读书当作生活的一部分，把逛逛书店、坐坐图书馆当作生活中常有的行为，在家庭设立读书日，所以我常说，一个家庭可以没有酒柜，但不可以没有书房！如果家中能做到目之所及、手之所触都有书籍，那就很好了。

二要学会选择。英国的学者布尔沃·利顿说过，读书不在多而在精。有选择地读几本书效果反而好，读书太滥只能满足消遣而已。

三要多多益善。从一本书到一类书，从专业类到综合类，文史、社政、科技、古典以及某些流行的畅销书，我们都应有所涉及，因为每一个人都要有丰富的精神生活。同时家长面对孩子，会遇到许多奇妙的问题。教师面对学生，学生除了在某个学科有学习的需求，还会有通过多种渠道获得了知识之后对教师的审视。

四要精读和泛读相结合。因为一个人的时间总是有限的。有的书可以随手翻翻，粗读涉猎；有的书需要认真阅读，精读感悟，品读回味，反复体会，形成观点，并在阅读中寻找价值、寻找智慧。

五要读写结合，做到学以致用，写好读书笔记。在读书中写作，整理自己的思想。这样就会让读书成为孩子生活中的一部分。

（作者系北京市特级教师）

发生在一个家庭里的读书故事

贺春兰

> "童年时期，我常常看到爸爸在阳光下读书，他安静甜蜜的样子让我觉得整个空气都是祥和的。所以，从小我就觉得纸张亲切，觉得读书是一件幸福的事情。"

儿时受父亲的影响，修目明喜欢读书。如今，大学毕业酷爱读书的修目明更成为带动父母和身边人读书的力量。

"童年时期，我常常看到爸爸在阳光下读书，他安静甜蜜的样子让我觉得整个空气都是祥和的。所以，从小我就觉得纸张亲切，觉得读书是一件幸福的事情。但不知什么时候，母亲投入了繁重的工作，爸爸也常常刷手机，被碎片化的娱乐性的信息包围。"

"小时候爸爸妈妈和我一起读书的日子多好啊。"

于是，大学毕业回到家的修目明每晚会到妈妈和爸爸的床前，讲讲文学推荐好书，爸爸妈妈则在女儿的读书声中幸福地入睡。

一段时间之后，修目明发现，父母不再满足于自己读他们听的模式了，于是，修目明便开启了"文学小讲座"，父母在之后静读。再过一段时间之后，修目明抱来了一摞书放到父母床前，让父母自选自己喜欢的书，修目明则坐在旁边陪伴父母阅读。

这样又过了一段时间，修目明发现，父母会把各种事情推掉参与夜读。如果有一天自己没有及时发起，爸妈会主动问起——"不知不觉间，全家人的内心都安静了下来，我们都喜欢上了每晚的这段夜读时光。"

于是爸爸特别买了几个台灯。全家人的阅读场地从父母卧室搬到了客厅桌上，从听女儿读书到父母孩子三人共读的时光开启。从《毛泽东文选》到《乡土中国》，修目明会推荐并提供一批自己读过的好书，爸爸妈妈根据自己的兴趣自选，而且可以随意写画。"这段时光，变成家庭里最温馨的一段时光。夜读之后入睡，读书也变成了我们规律作息的一个有效手段。"修目明说。

"女儿小时候，常常在我的读书声中睡着，爸爸则习惯带她去图书馆浸泡。以至于长大后的她酷爱读书，古今中外，沉浸、专注，她从读书中获得巨大的乐趣和幸福。"修目明的妈妈感慨，"时间一晃而过。恍惚间女儿就长大了。过去我们带她读，没有想到，今天，孩子带我们读。"

两周前，为了带动家庭健身，修目明的妈妈特别邀约喜欢运动的好朋友李阿姨一家到家里来做客，基于之前的沟通，这次两个家庭之间的交流有多个环节，除了一起下楼跑步外，其中特别安排了一个环节"谈读书"，果然，修目明的读书推荐受到了欢迎。之后，李阿姨一家便买来修目明推荐的书。这让修目明非常有成就感。也是通过那次交流，修目明了解到李阿姨有个读书群，于是马上申请加入。

于是每晨 6 时半，妈妈起床后，便会看到修目明已经坐在书案前和李阿姨书友群中的朋友们互相分享了。"大家通过视频分享头一天的读书活动，展示思维导图，并互相点评。"修目明告诉记者，自己加入这个群，意在督促自己早起，也学习大家陪伴读书的经验。比如思维导图和分享点赞这个模式就很好。修目明发现自己对探索带动他人读书的模式开始感兴趣，而修目明的妈妈也暗自得意，从修目明感兴趣的事情做起，自己希望女儿能够规律作息的愿望也就这样不知不觉地达成了。

今天，修目明自己还组织了几位年轻朋友共读，北航在读的机械专业的博士姜豪和在某企业做软件编程工作的吴学弋，三人刚刚于几天前在奥森湖畔成立了"伊始"读书群，还研讨了规则。"没有想到，我的提议居然很快得到了他们的响应。我们通过远程方式分享各自的读书进展。"昨天姜豪同学上传了三人可以共享的阅读笔记，吴学弋则发来了一张照片——一个小台灯、一杯茶和干净安静的一角。吴学弋告诉修目明，自己的阅读空间已经准备好了。三人还计划，除了修目明推荐阅读外，由吴学弋推行运动锻炼，姜豪介绍科技前沿。

由读书延展开来，更多的故事在发生。

（作者单位：人民政协报教育周刊编辑部）

请告诉孩子，什么是安全健康幸福的亲密关系

贺春兰

> 幸福的、充满爱的原生家庭能够治愈孩子的一生；而不幸的原生家庭，则需要用一生去疗愈。关注家庭教育，不能不关注家庭建设本身，而继续溯源，我们很有必要有意识地告诉孩子什么才是健康的亲密关系、如何建设这样的亲密关系，以及如何防范其中的风险。

2019 年 10 月，北大学生包丽（化名）口服安眠药自杀，其后，母亲在翻看其手机微信时，发现包丽曾因为不是处女而遭遇了同样是北大学生的同居男友牟某的种种虐待。于是母亲将包丽男友诉诸法院。2023 年 6 月 15 日，北京市海淀区人民法院对被告人牟某涉嫌犯虐待罪刑事附带民事诉讼一案依法公开宣判，以虐待罪判处被告人牟某有期徒刑三年两个月，同

时附带民事赔偿。2020 年 4 月，包丽去世；而牟某则于事件发生的当年，即 2019 年 12 月，被北京大学取消推荐免试攻读研究生的资格。

又到毕业季，人们禁不住为这样两个本来可以有着幸福人生的年轻人唏嘘不已。

这两个年轻人成长在怎样的家庭中？包丽遭遇如此痛苦，事件前后持续一年多，其间包丽 4 次自杀，怎么就不肯求助，以至于家人、同学和老师少有所知？包丽和男友的人格特质有些什么特点？PUA（情感打压、精神控制）又是怎么回事儿？现实生活中我们应如何辨识和防范？这个事件留给了我们诸多值得关注的问题。

这个令人唏嘘的事件，以及近些年居高不下的离婚率提醒我们，关注家庭教育，不能不关注家庭建设本身，而继续溯源，我们很有必要有意识地告诉孩子什么才是健康的亲密关系、如何建设这样的亲密关系，以及如何防范其中的风险。

越来越多的研究显示，原生家庭对孩子一生的影响至关重要。一本心理学书籍非常形象地提醒我们：家庭对孩童来讲，如一个小矮人在一个小岛上讨生活，他的所有资源都要通过父母这两个巨人提供支持。而如果两个巨人之间产生冲突，试想这个孩子会怎么样。幸福的、充满爱的原生家庭能够治愈孩子的一生；而不幸的原生家庭，则需要用一生去疗愈。家庭如此重要，但当我们在青年时代建立家庭时，对将要面对的问题，以及如何建立良好的亲密关系，其实又常常知之甚少。

近日，在一个由年轻人发起的新知读书交流群里，一位年轻人询问怎么辨识好伴侣。天南海北的一群过来人回答：有终身学习的习惯；相处平等，感觉安全，有共同爱好或愿意一起培养共同爱好；会不断地反思自己，懂得换位思考；互相心疼，互相理解，互相促进；能协商解决问题，拥有做事情的毅力和感恩心，懂得尊重，有家庭责任感，自律，虚心好学；等等。"其实这都是过来人的总结。青年时代，我们被青春的荷尔蒙控制，婚姻常常要靠点运气。"一位长者的表达引发参与者共鸣。大家感慨，在我们生命的早期其实并没有有关亲密关系的教育，我们只是在生活中自己摸索，在阅尽沧桑后才有了这样的反思。

婚姻家庭中，我们常常要面对一个无论是成长背景还是性格特点都和我们迥然不同的他或她，如何守住彼此的底线、如何给对方空间、如何辨识不良的亲密关系并及时止损、如何经营并保有良好的亲密关系？我们之前不曾有意识地引导孩子们甚至是大学生们了解亲密关系的相处之道，对亲密关系之基础的性教育更是忌讳和躲避。从诸多新闻暴露的细节来看，包丽为自己不是处女这件事有很深的负罪感，而该案的被告人牟某也确实被这个人类文化深处的性别刻板印象折磨过。

记得女儿即将开启大学生活时，在注册前收到了学校的一个远程课件，主题是聊聊"性、爱情和婚姻"，校方特别强调不看完不能注册。在这个课件中，学校提示 18 岁即将开启新的人生旅程的年轻人：学校不拒绝大学生的性行为，但你要区分哪些是"由爱而性"，哪些是"露水姻缘"，怎样可以"天长地久"。学校说，无论属于何种情况，只要你明确而且自愿，学校都支持，但学校提醒你做好心理和物质准备，以保证自己安全且不受伤害为底线。而对婚姻，学校则建议，合适的婚姻对象要和你相处默契，能够直面困难，懂得协商解决问题等。

2020 年我国新修订的《未成年人保护法》中明确规定："学校、幼儿园应当对未成年人开展适合其年龄的性教育。"2022 年 1 月 1 日起施行的

《家庭教育促进法》，规定了父母要对孩子进行"安全知识教育"，包括在性方面不受侵害等。根据法律规定，孩子拥有接受性教育的权利。父母如果没有提供，则是失职。学校如果不进行性教育，学生和家长也可以质疑。这样各方确实能够知法守法，毫无疑问，学校、家庭、社会则会合力形成一个支持性教育的环境。

伴随着对"包丽们"生命逝去的遗憾，我们看到了时代的进步，但这样的法律精神还不为普通大众所熟悉。面对孩子"我从哪里来"的追问，很多家长还常常是信口雌黄、一哄了之。我们究竟该给孩子怎样的性教育，以及如何在其基础上构建更全面系统的，涵盖健康的亲密关系和家庭关系等内容的教育的顶层设计并推动实施，尚需要关注。

（作者单位：人民政协报教育周刊编辑部）

带孩子在积极的行动中寻找生命意义感

陶元君

　　生命意义感是人类内心深处的渴望，是我们在世界中寻找存在的目的和价值的过程。寻找失落的生命意义感是心理学领域和人们社会生活中备受关注的话题之一，它对于我们的心理健康和幸福感的提升至关重要。

....

　　世界自身是没有意义的，因为有了人类的意识活动，才赋予了世界不同的意义，人们也因此开始努力探索生命的意义。积极心理学研究发现意义感和价值感是幸福的重要因素之一，它需要当事人个体主动参与寻找才能找到，而且是在和谐的、相互支持的关系中才容易找到。然而，在现代社会中，许多人感到迷失和失落，有的是完成了高考就不知何去何从，有的是在反复的机械性工作中慢慢地消磨了斗志，更有的开始思考活着的意义，他们缺乏对生命目标和意义的清晰认识。寻找失落的生命意义感是心理学领域和人们社会生活中备受关注的话题之一，它对于我们的心理健康和幸福感的提升至关重要。

● 什么是生命意义感

生命意义感是人类存在的最基本的情感之一。它关乎人类生命中最重要的目的以及为何存在的问题。生命意义感的答案在不同的人生阶段和不同的文化背景下会有所不同。进一步而言，这个问题的答案对于每个人而言也各不相同，有的人觉得当老师教书育人非常光荣，也有的人觉得做一名医生救死扶伤十分伟大，但同样也有人觉得做这两个职业都没有意义。因此，生命意义感其实就是指生命个体在正在进行的事情中能够获得的积极体验，这种体验感越强烈，生命意义感也就越强烈。

生命意义感是解释出来的，只有主动寻找才能获得。

生命意义感是在生命活动过程中获得的理解和解释，是个体从自己亲身参与的事情中获得的积极体验。把这种感觉意识化、语言化表达出来，叙说成自己的生命故事，生命的意义感就获得了，这是一个主动寻求和建构的过程。重要的是它赋予了我们行动的动力和方向，使我们的生活变得充实和有意义。拥有明确的生命意义感可以增强个人的心理韧性，使其能够应对生活中的困难和挑战，能够让人的潜能更好地发挥出来。研究发现，缺乏生命意义感的人更容易感到焦虑、抑郁和无助。他们可能会陷入自我怀疑和自我否定的循环中，感到生活毫无意义。相反地，拥有强烈的生命意义感的人更倾向于积极应对挑战，更能从困境中恢复，并且更容易体验到幸福感和满足感。

● 生命意义感为什么会失落

导致生命意义感失落的原因包括许多不同的因素，如人生中的挑战、困境、挫败、失望和疾病等。但是归根到底的原因是，个体无法再从自己参与的事情中获得积极的体验。如学业失败的人往往会怀疑人生、长期处于贫困或被虐待环境中的人觉得人生无意义、重复性的工作会让人变得机械麻木，这些都会导致积极体验的消失。当今社会变化迅速，物质文化极大丰富的同时，传统的价值观和信仰发生动摇，导致个体对于自己生命意义的解释没有同步发展，不清楚到底什么是对自己重要或者有意义的，这些也导致我们找不到生命意义感，以至于在现实生活中迷失自我、迷失方向。

● 如何寻找生命意义感

首先，积极主动地投入我们力所能及的活动中，主动迎接适度的挑战才能寻找到生命意义感。我们需要承认这个问题既难也易，难的是需要日积月累，不断获得新的体验和理解，获得积极的回应和肯定；易的是在日常生活、工作、学习中一定可以找到。我们也可以通过交流讨论和自我反省来寻找生命的意义感。每个人的一生都在思考这个问题，它的答案只有在自己的生命活动中寻找，如果得到了良好的环境支持，从自己实践中找到答案的人，会活得更加有意义。

内省法是一种自我探索的有效方法，许多成功人士经常使用，所谓"吾日三省吾身"，写日记、写总结也很有效果。花时间思考自己的价值观、信念和意义感，问问自己："什么对我来说最重要？什么使我感到充实和满足？"另外，通过阅读、交流、请教等方式，也有助于深入了解自己，可以更清楚地认识到自己的需求和渴望，从而找到真正与自己内心相契合的生命意义。

其次，生命意义感来自从事活动带来的积极体验和反馈，而积极的体验会随着价值观变化而变化，同样一件事情，如果看待的角度不同，积极的体验也会不一样。比如，拥有一段良好的亲密关系就是一个海内外都认可的价值观。因此，当你做出了亲密的行为，和喜欢的人度过一段美好的时光，积极的体验就会产生；相反地，无论是什么原因导致你与自己亲密关系的人发生了争吵，内心一定会感觉到痛苦与矛盾，因为这违背了拥有良好亲密关系的价值观。然而，如果你可以换一个角度去思考，认为这样的争吵其实有助于你更好地发展这段亲密关系，你的积极体验又会重新获得。

我们还可以积极探索不同的领域和兴趣，寻找我们热爱和擅长的事物。参与志愿活动、学习新技能，探索艺术、文化和科学等领域都有助于开阔我们的视野，提高我们的认识，有助于我们找到新的生命意义和目标。毕竟意义感很难通过空想来得到，它更多的是在实践中产生。

最后，良好的人际关系和社交支持对于寻找生命意义感至关重要。家庭、朋友、社群和支持团体都是寻找生命意义的重要资源，甚至他们的存在本身也是生命意义感的一种重要来源。与他人建立联系、分享经验、交流想法和情感体验，可以帮助我们更好地了解自己和他人。这些信息可以帮助我们发现和理解不同的生命意义感，比如在中国文化背景之下，父慈子孝、尊老爱幼是一个通行的价值观，因此当你在家族群体中言行得体，得到认可和赞许时，你就能体验到非常有意义的感觉；当青少年在班级、学校、社群中奉献自己、服务大家，做出对集体有益的行为时，一定会得到积极的回应，生命的意义感就比较丰盈。相反地，如果家庭不和谐，同学朋友关系不好，社区邻里关系也不佳，那么我们内心一定会感觉到痛苦与矛盾，找不到自己的存在价值，人生意义感就会缺失。

（作者单位：北京大学学生心理健康教育与咨询中心）

积极心理学告诉我们："幸福"
也是一种理性选择

彭凯平

> 幸福需要学习、需要修炼，这是一种理性的选择，所以著名科学家莱布尼茨有句名言："乐观主义是一种天然理性范畴的认知方式，因为大脑的加工习惯是悲观的。要乐观，需要我们大脑前额叶的智慧，需要我们的理性。"

● 积极的情感体验：爱、被需要与意义感

提倡积极心态是时代的呼声，积极心理学就是研究美好生活的科学，而中国式现代化的目标之一是实现人民对美好生活的向往。2008年，我回国在清华大学创建了心理学系，接待的第一个外宾是我曾经的老师——皮

德森教授，当时他受教育部邀请在北京师范大学开讲一门课程，课名就叫作积极心理学。那是我第一次听说积极心理学的概念。我问，什么是积极心理学？他送给我一本书，书名叫作《追求美好的生活》。并说，积极心理学就是研究美好生活的科学。

学者克里斯托弗·皮德森曾经在全世界38个工业化国家，包括中国，询问人们一个特别简单的问题，即你心目中的美好生活是什么样的。他发现有很大的文化差异，比如中国人的美好生活的体验是天伦之乐、四代同堂、儿孙绕膝、其乐融融。但他发现这样的观念并不是普适的，不是所有的民族、国家、文化都把天伦之乐当作美好生活。有些国家的人认为，孩子是神送来的过客，培养完成就足够了。但我们中国人讲究孝道，所以大多数人都认为天伦之乐是美好生活的标配。

然而不管是哪个国家、哪个民族、哪个时代的人，美好生活一定是通过以下几种积极的心理体验感受得到的：

第一是爱的体验，爱祖国、爱民族、爱文化、爱亲人。人世间最伟大的力量就是爱的力量。

第二是幸福的感受，光有爱还不够，美好生活一定要有愉悦的感受。

第三是被需要感。一个人觉得活在这个世界上没有人需要，没人睬、没人理，这个感受是非常痛苦的，所以人要活出被需要的感受。

第四是"意义感"。以前我们一说"意义感"立马上升到政治、哲学、宗教的高度，其实"意义感"也没有那么抽象。"行到水穷处，坐看云起时"，生活中的小确幸也常常能带来意义感。欣赏自然可以产生意义感，欣赏优秀的中国传统文化一样可以产生意义感。美好生活一定要有意义的感受。

● 负面偏差

但是，为什么很多人感觉现在很难感受到幸福，为什么我们经常感觉自己很累、很烦、很急、很焦虑？其实这就牵扯人类大脑的加工特性，这个特性叫作负面偏差。大脑有负面偏差，原因在于人类只有有限的注意力、记忆力、认知加工能力。因此，在漫长的历史进化过程中，人类大脑逐渐形成了负面信息加工的优势。也就是说我们经常会自动注意一些不好的事情，因为负面事情对我们的影响要大于正面事情。

试想700万年前，在非洲草原上，一个人类的先祖在旷野中信步行走，突然看到前方风吹草动，他的第一反应是什么？一定是不好的事情要发生，而且可能危及他的生命。前方风吹草动，可能是虎狼出没，不关注就要被吃掉。因此，从进化角度来讲，人类的大脑有负面信息加工优势。

有一位积极心理学家叫鲍迈斯特，他做了很多的研究来证明人类大脑负面信息加工优势的常见化，比如坏印象比好印象更容易形成。同样地，坏事比好事影响要大。很多人经常说一句话，我这个人特别倒霉，一洗车就下雨，就是因为洗车下雨，这种坏事情我们记得清清楚楚，而洗车没下雨的事被我们忘得干干净净，这就叫作负面情绪的加工优势。

我讲这些的目的就是告诉大家，我们总以为幸福很容易，其实幸福很不容易。

● 好心态是一种理性选择

对普通人而言，伤心、痛苦、焦虑很容易，闻到不好的味道、听到一句刺耳的话、看到消极的报表都可能会立马不开心。但是幸福需要学习、需要修炼，这是一种理性的选择，所以著名科学家莱布尼茨有句名言："乐观主义是一种天然理性范畴的认知方式，因为大脑的加工习惯是悲观的。要乐观，需要我们大脑前额叶的智慧，需要我们的理性。"

在人们更容易产生消极加工倾向性的背景下，对我们教育工作者来说，养成积极的认知习惯更是一种责任。我们作为教育工作者，作为中华民族文化的最重要的传承人，一定要活出积极的样子，给他人希望和方向，这也是我为什么讲积极心理学很重要的原因。

积极的心理可能也是解决人类的心理健康的一个新的思路。大家知道心理学为了解决人类的心理健康问题，在过去一百多年发明了很多方法，包括弗洛伊德精神分析、亚伦贝克的认知疗法、传统文化的质询法等。这些方法是有用的，但是人类的焦虑症、抑郁症、恐惧症比例不仅没有减少还在不断地增加，问题出在哪儿？

1987 年，哈佛大学的著名心理学教授丹尼尔·韦格纳对这一问题提出了一个解释：我们过多地强调这个问题本身。他曾读过一本随笔集叫作《冬天的夏日印象》，在书中作者谈到过一个有意思的现象。一次他在花园里坐着，脑海里突然出现了一只白色的北极熊，他想忘掉这只熊，不知道为什么越想忘记却越是忘不掉，便把这一现象记录了下来。看到这个故事后心理学家韦格纳想，这是文豪独特的灵感，还是人类普遍的心理现象。为此他决定做一个心理学研究，让上课的学生们一起想象一只白色的北极熊，发现大家都会出现想忘记熊却忘不掉的状态。这也证明了有时候人们想通过控制、遗忘、压制、管理等方法控制情绪，但效果并不好，因为北极熊效应的存在。与其想方设法控制管理压抑、遗忘我们的痛苦，不如转移、替代、升华，这就是积极心理学的逻辑。1999 年，美国宾州大学著名心理学家马丁·塞利格曼教授提出，解决人类的心理危机，要去挖掘人类内在的积极心理力量，提升幸福感——于是便有了心理学的新范式——积极心理学的诞生。

其实这个观念不新，因为王阳明先生在 600 多年前就说过一模一样的话。王阳明先生讲，人人皆可为圣贤。但是显然绝大多数人其实都是凡人，圣贤之人少之又少。怎么办？阳明先生又说，致良知，知行合一，吾性自足。也就是挖掘人类内在的力量和良知，然后不断地把它调动出来。吾心光明，夫复何言。

● 生理基础做支持

到底该怎么做，我想这是大家更关心的问题。我们做了很多的研究，发现产生积极的心态需要三个特别重要的物质基础，这三个物质基础不是外在的而是内在的。

第一个生理基础是不能有长期的消极情绪。短暂的消极情绪是人类进化产生的保护机制，它有正面意义，让人们关注危险，迎接挑战。因此消极情绪短暂出现很正常，别紧张、别恐惧、别气愤、别埋怨，因为这是正常现象，但是要学会调整自己的消极情绪。

第二个生理基础是除了抑制消极情绪，还要产生积极情绪。积极情绪不是凭空而来的，我们感受到愉悦快乐时，大脑会分泌去甲肾上腺素、维生素 D、多巴胺、血清素、内啡肽等各种神经化学递质。

但是只有这两种生理表现还不够，我们还要为自己愉悦的体验赋予积极的意义。一个在减肥的人吃着美味佳肴，生理上会开心，但如果意识到自己体重超标，就不会再开心，这就是意义感的作用。

我曾经做了一个一分钟的短视频，讲"幸福是有意义的快乐"，结果有 3000 万中国同胞点赞。说明中国人很有智慧，知道幸福和快乐是两码事。知道快乐未必很重要，但是幸福绝对重要。那要怎么做呢？主要得做三件事情：第一，学会调整负面情绪让它变成正常的状态；第二，学会产生积极的情绪；第三，学会赋予事情积极的意义。这就是为什么讲积极心理学是行动的科学，所以积极不是目标，积极本身不是名词或形容词，而是动词。只有行动起来，知行合一，才能真正产生积极的心态。

● 幸福有方法

最近几年，我不断地推广积极心理学，慢慢总结出一些方法，称之为"八阵法"。该法是将负面情绪调整为正常情绪，汲取了中华民族传统智慧的八个方法：

第一，学会深呼吸。美国的小学三年级孩子开始学情商课程，第一堂课学习"练气功"，当人把气慢慢吸进来，一方面，能够物理降低杏仁核

（负面信息加工中心）的温度，让人感到舒适，这就是人们在海边、在山上深吸一口气感觉开心的原因；另一方面，杏仁核和植物性神经系统，特别是自主神经系统交感和副交感紧密相连，我们呼气的时候其实是交感神经亢奋，吸气的时候是副交感神经亢奋。所以小朋友生气的时候，气呼呼的，这时可以尝试引导他慢慢地吸一口气。

第二，闻香。中国人有句古话叫君子配香。香气进来会让人觉得舒服，因为这是人类嗅觉的特点，即情绪反应在前、认知评价在后，对于嗅觉，人的情绪反应是最快的。而视觉、听觉、触觉都需要先走心，才产生情绪反应。家里备点香精、香油、香水、香气，都是情绪调节的方法。

第三，抚摸身体。包括膻中穴，在中医看来这是情绪郁结的地方；肚子，肠胃有很多神经通道，直接连到我们杏仁核；手掌，掌心有特别丰富的触觉神经元。

第四，抬头挺胸。人类的大脑有十条神经通道，最长最古老的一条叫迷走神经。迷走神经与做人的感觉密切相关。人类在爬行的阶段迷走神经就存在，当人类直立之后迷走神经就张开了。打开自己的迷走神经，积极的力量便会产生。当心情不好的时候，不妨去爬山、赏月，抬头挺胸向前看、向远看、向高处看。

第五，运动。运动有助于消除各种压力激素，人在焦虑、恐惧、愤怒时，大脑的肾上腺、脑下垂体还有下丘脑都容易分泌出大量的压力激素，这个压力激素必须通过行动才能消除。

第六，专念练习，把自己的意念集中在身体的某一处。例如，开车上班，有人插队，差点造成追尾，你肯定很愤怒，但这个时候千万不要失去控制，尝试深吸一口气，然后把自己的意念集中在身体和方向盘接触之处，或者身体和椅子接触之处，过一会儿，一切便会烟消云散。

第七，倾诉。当感觉心情难受，可以找人说个 30 分钟。时间不能太短，三言两语不起作用。或者写作，这是一种自我倾诉的方式，最好以第三人称写下自己的感受。借助"上帝的视角"，超越自我，往往会有一个更加理性的认识。

第八，艺术欣赏。读一些诗词也会产生丰富的联想和意义感。

围绕如何产生积极体验，我也发明了五施法。中国传统文化认为人有五个天生的宝藏和才华，可惜我们很多时候舍不得用。不光是舍不得给别人用，有时连自己都不舍得用。那么，我们人类天生做得好的事情到底有什么？

第一，颜施。人天生会笑，即使是双目失明的盲童，生下来四个星期就会自发地笑出来，这是人的天性。所以一定要学会真心地微笑，舍得给别人笑，也舍得给自己笑脸。

第二，身施。这也是人的天性。人叫作动物就是强调"动"，不要总是躺着、歇着、宅着。哪怕是一些特别小的行动，比如触摸别人、触摸自己，都让我们产生愉悦感，要先迈出第一步。

第三，言施。积极的沟通是人类积极心态特别重要的来源。为什么人们总喜欢八卦，就是因为体会到了说话的快乐。

第四，眼施。除了用肉眼看，还得用心看，要不然就会眼睛看见了，但是心没有看见，从而视而不见。

第五，心施。这是指一定要对生活有感悟，为行动增添意义感。1975年，著名的美国心理学家契克森特米哈伊，发表了他进行了长达 15 年研究的报告。报告显示，成功人士的成功秘密就是做事情时，能够沉浸其中，感到酣畅淋漓、如痴如醉，而这种痴迷的做事习惯，也会给他们自己带来莫大的幸福感。

（作者单位：清华大学社会科学学院。本文根据作者在亚洲幼教论坛上的发言摘编）